## Les adjectifs de couleur

- bleu(e)
- rouge
- jaune
- vert(e)
- rose
- orange
- marron
- violet(te)
- beige
- brun(e)
- noir(e)
- blanc(he)

## Les jours de la semaine

lundi
mardi
mercredi
 jeudi
vendredi
samedi
dimanche

| Les saisons | Les mois de l'année |
|---|---|
| l'hiver | janvier |
| | février |
| | mars |
| le printemps | avril |
| | mai |
| | juin |
| l'été | juillet |
| | août |
| | septembre |
| l'automne | octobre |
| | novembre |
| | décembre |

# Voilà!

—grammaire française de base—

Akira ISE    Chikako TANIGUCHI

sobi-shuppansha

# はじめに

　フランス語の世界にようこそ！このテキストは，初めてフランス語を学ぶ人たちのための文法教科書です．１年間で，無理なくしかし確実にフランス語文の基本的構造を学ぶことができるように工夫されています．

　「文法は嫌い」という人もいるかもしれません．しかし文法は「読む・書く・話す・聞く」というすべての能力に必要不可欠なものです．「フランス語で本を読みたい」，「フランス語が話せるようになりたい」など，みなさん一人一人の目的に向かって，これから一緒にフランス語の勉強を始めましょう．

　この教科書で最高の学習効果をあげるために，以下のことを守りましょう．

1.　積極的に学習する．
　　主役はフランス語を習得したいというあなた自身です．授業には積極的に出席しましょう．また予習・復習の指示には従いましょう．

2.　授業には必ず仏和辞典を持ってくる．
　　授業中に辞書の引き方も勉強します．

3.　わからないことがあれば，教師あるいは周囲の人に質問する．
　　わからないことは決して恥ずかしいことではありません．遠慮せずにどんどん質問しましょう．

4.　ノートは自分の言葉でまとめる．
　　黒板に書かれたものを写すことがノートをとることではありません．あなたがあとで見直してわかるようにまとめることが大切です．

5.　宿題は必ずする．
　　授業だけでは時間が足りません．自宅で自分のペースで勉強しましょう．

　フランス語の学習を通して，一人でも多くの人がより広い世界を体験できるよう祈っています．

著者

# 目　次

各 Leçon の構成

| 1ページ目 | 2ページ目 | 3ページ目 | 4ページ目 |
|---|---|---|---|
| Grammaire | Grammaire 課のまとめ | Exercice | Devoir |

## CD について

**録音箇所**：頭出し番号（ 01 ）のある箇所を録音しています．数字は01から96までありますが，00の箇所はすぐ上の番号から続いて録音されていることを表します．

**録音時間**：72分

**声の出演**：B. Delègue, E. Bodin, P. Jordy

スタジオ：ユニヴァーサルスタジオ　/　高速録音

Voilà!

## アルファベ，挨拶，自己紹介，数 (0〜10)

> さあ，フランス語の勉強を始めましょう！最初の授業ではフランス語でのアルファベットの読みかたを見ておきます．フランス語でも英語と同様に26文字のアルファベットを使います．英語との違いは，アクセント記号と呼ばれる記号文字が存在することです．アクセント記号もつづりの一部ですから，単語を覚えるときには記号の形や向きも正確に覚えてください．そのあとで簡単な挨拶表現や自己紹介の表現を使ってまわりの人たちとフランス語で会話してみましょう．

## Ⅰ．アルファベ 02

　フランス語でも英語と同じ26文字のアルファベットを使います．ただし英語とは少し読みかたが異なります．CDをよく聞いて何度も声に出して読んでみましょう．

Aa Bb Cc Dd Ee Ff Gg Hh Ii Jj Kk Ll Mm

*Aa Bb Cc Dd Ee Ff Gg Hh Ii Jj Kk Ll Mm*

Nn Oo Pp Qq Rr Ss Tt Uu Vv Ww Xx Yy Zz

*Nn Oo Pp Qq Rr Ss Tt Uu Vv Ww Xx Yy Zz*

**Exercice**　自分の名前のつづりをフランス語のアルファベットで言いましょう．当てられた人はつづりをフランス語で読んでください．他の人は彼・彼女の名前を聞き取りましょう．

## Ⅱ．アクセント記号

　フランス語では，Ⅰで見たアルファベット文字にアクセント記号と呼ばれる記号文字の付くことがあります．アクセント記号もつづり字の一部ですから，フランス語を書くときにはアクセント記号の形や向きに気をつけてください．アクセント記号には次のようなものがあります．

| | | |
|---|---|---|
| ´ | アクサン・テギュ (*accent aigu*) | é |
| ` | アクサン・グラーブ (*accent grave*) | è à ù |
| ^ | アクサン・シルコンフレクス (*accent circonflexe*) | ê â ô î û |
| ₵ | セディーユ (*cédille*) | ç |
| •• | トレマ （*tréma*） | ë ï |
| ' | アポストロフ (*apostrophe*) | j'habite　l'amour |
| ‒ | トレ・デュニオン (*trait d'union*) | avez-vous　grand-père |

## Ⅲ. 挨拶表現，自己紹介の表現 ⟨03⟩

① 元気？

— Bonjour, Monsieur. Vous allez bien?　　　　　— Bonsoir, Sophie. Tu vas bien?

　Je vais bien, merci. Et vous?　　　　　　　　　　　Je vais bien, merci. Et toi?

② 名前は？

— Vous vous appelez comment?　　　　　　　　— Tu t'appelles comment?

　Je m'appelle Paul. Et vous?　　　　　　　　　　　Je m'appelle Anne. Et toi?

③ どこに住んでいるの？

— Vous habitez où?　　　　　　　　　　　　　　— Tu habites où?

　J'habite à Kyoto. Et vous?　　　　　　　　　　　J'habite à Tokyo.  Et toi?

---

**考えてみよう 1**

上の表現に使われている je (j'), tu, vous は文の主語です．それぞれの主語は誰を指しているのでしょうか．主語の意味を書いておきましょう（詳しくは Leçon 1）．

je (j') :　　　　　　　　　　　tu :　　　　　　　　　　　vous :

---

**考えてみよう 1**

一般にフランス語では主語のあとに動詞がきます．それぞれの動詞の形を見てみましょう．何か気がつくことはありませんか．下の空欄を補って，フランス語動詞の特徴をまとめておきましょう．

フランス語の動詞は主語によって ＿＿＿＿＿＿＿＿＿＿＿ が変わる．

---

**Exercice**　　上の 3 つの表現を使って，まわりの人とやりとりをしてみましょう．

## Ⅳ. 数（0 〜 10）⟨04⟩

| **0** | **1** | **2** | **3** | **4** | **5** | **6** | **7** | **8** | **9** | **10** |
|---|---|---|---|---|---|---|---|---|---|---|
| zéro | un | deux | trois | quatre | cinq | six | sept | huit | neuf | dix |

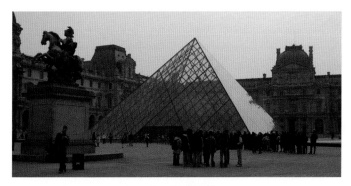

ルーブル美術館

大道芸人

# Leçon 1

## －er 動詞，否定文

Leçon 0 で見たように，フランス語では主語に合わせて動詞の語尾が変化します．英語でも 3 人称単数形で s をつける，というのがありましたね．ここでは，フランス語の動詞でもっとも一般的な -er 動詞を取りあげて，語尾変化の規則を学ぶとともに，否定文の作りかたも学習しましょう．

## Ⅰ．動詞の活用 〔05〕

動詞の原形 (不定法) の語尾が er で終わる動詞を -er 動詞 (第1群規則動詞) といい，語尾の er の部分が主語によって以下のように変化します．この変化のことを**動詞の活用**といいます．

| -er 動詞の活用 | | | | |
|---|---|---|---|---|
| ( | ) je (j) | ― **e** | ( | ) nous ― **ons** |
| ( | ) tu | ― **es** | ( | ) vous ― **ez** |
| ( | ) il | ― **e** | ( | ) ils ― **ent** |
| ( | ) elle | ― **e** | ( | ) elles ― **ent** |
| ( | ) on | ― **e** | | |

> **考えてみよう 1**
>
> 1. それぞれの主語代名詞の意味を辞書で調べ，表の ( ) 内に書きましょう．読みかたも確認しておきましょう．

> 2. Leçon 0 の表現を参考にして，tu と vous はどのように使い分けるのかを考えてみましょう．
>    tu は ＿＿＿＿＿＿＿＿＿ に対して使う．
>    vous は ＿＿＿＿＿＿＿＿＿ に対して使う．また「君たち」「あなたたち」という複数の意味でも使う．

英語では，3人称複数の主語 (「彼ら」「彼女ら」) は they しかありませんでしたが，フランス語では ils と elles の2種類があります．on は英語にはないタイプの主語です．動詞は il, elle と同じ形に活用させます．

| parler | | | | écouter | | | | habiter | | |
|---|---|---|---|---|---|---|---|---|---|---|
| je | parl**e** | nous | parl**ons** | j' | écout**e** | nous écout**ons** | | j' | habit**e** | nous habit**ons** |
| tu | parl**es** | vous | parl**ez** | tu | écout**es** | vous écout**ez** | | tu | habit**es** | vous habit**ez** |
| il | parl**e** | ils | parl**ent** | il | écout**e** | ils écout**ent** | | il | habit**e** | ils habit**ent** |
| elle | parl**e** | elles | parl**ent** | elle | écout**e** | elles écout**ent** | | elle | habit**e** | elles habit**ent** |
| on | parl**e** | | | on | écout**e** | | | on | habit**e** | |

Je parle français.　　　　　Il écoute la radio.　　　　　Nous habitons à Paris.

> **考えてみよう 2**
>
> 1. 例にあげた動詞の活用表をよく見てください．parler と écouter・habiter とでは，je のつづりに変化がありますね．どのようなときにこのような変化が起こるのかを考えてみましょう．
>
> 2. CDをよく聞きましょう．動詞の語尾の音に注意し，同じ音のグループはないか考えてください．グループがわかったら，上の -er 動詞の活用表でそのグループを囲んでみましょう．また parler と écouter・habiter とでは，主語と動詞のあいだの音が少し違っていますね．どのように違うかをまわりの人と一緒に考えましょう．

## II．否定文 06

否定文を作るには，動詞を ne (n') と pas ではさむだけです．簡単ですね．

### parler

| | | |
|---|---|---|
| je **ne** parle **pas** | nous **ne** parlons **pas** |
| tu **ne** parles **pas** | vous **ne** parlez **pas** |
| il **ne** parle **pas** | ils **ne** parlent **pas** |
| elle **ne** parle **pas** | elles **ne** parlent **pas** |
| on **ne** parle **pas** | |

Je ne parle pas français.

### écouter

| | | |
|---|---|---|
| je **n'**écoute **pas** | nous **n'**écoutons **pas** |
| tu **n'**écoutes **pas** | vous **n'**écoutez **pas** |
| il **n'**écoute **pas** | ils **n'**écoutent **pas** |
| elle **n'**écoute **pas** | elles **n'**écoutent **pas** |
| on **n'**écoute **pas** | |

Il n'écoute pas la radio.

### habiter

| | | |
|---|---|---|
| je **n'**habite **pas** | nous **n'**habitons **pas** |
| tu **n'**habites **pas** | vous **n'**habitez **pas** |
| il **n'**habite **pas** | ils **n'**habitent **pas** |
| elle **n'**habite **pas** | elles **n'**habitent **pas** |
| on **n'**habite **pas** | |

Nous n'habitons pas à Paris.

**考えてみよう3**

1. 否定形の活用表をよく見てみましょう．どのようなときに，ne が n' となっていますか．

2. n' を用いるとき，主語のつづりで気をつけなければならないところがありますね．どこに気をつけなければなりませんか．

J'AIME
MON QUARTIER

JE RAMASSE

RÈGLEMENT SANITAIRE DÉPARTEMENTAL ART. 99-2
INFRACTION PUNIE PAR UNE AMENDE
POUVANT ATTEINDRE 3000F (457€)

街の看板

**1課のまとめ**

この課で学んだことをまとめておきましょう．学習内容をよく復習して空欄を埋めてください．

- フランス語の動詞は _____ に合わせて語尾が変化する．これを _____ という．
- écouter や habiter のように _____ で始まる動詞の活用では，je のつづりが _____ になる．
- -er 動詞の活用では活用語尾の音は _____ 種類．
- écouter や habiter のように _____ で始まる動詞の活用では，主語代名詞の最後の文字（子音字）の音と動詞の _____ の音とをつなげて発音する．
- 否定形は活用している動詞を _____ と _____ ではさんで作る．
- écouter や _____ のように _____ や h で始まる動詞のとき，否定の ne が _____ になる．
- écouter や _____ のように _____ や h で始まる動詞の肯定形の活用で用いられる j' は，否定形では元の _____ の形に戻る．

→ Devoir 1

**Exercice 1**  次の動詞を肯定形で活用させ，発音しましょう．［活用は主語から書く］

chanter            travailler            aimer

→Devoir 2

**Exercice 2**  次の動詞を否定形で活用させ，発音しましょう．［活用は主語から書く］

chanter            travailler            aimer

**Exercice 3**  かっこ内の語句を並べかえて，1) 文を作り，2) 辞書を使って日本語に訳し，3) 1) の文を否定文に書きかえましょう．ただし，動詞は原形で書いてありますから，正しく活用させてください.
→Devoir 3

1. ( à, Paul, travailler, Paris ).
   1)
   2)
   3)

2. ( dîner, nous, ensemble ).
   1)
   2)
   3)

3. ( aimer, je, Kyoto ).
   1)
   2)
   3)

4. ( chanter, Anne et Marie, bien ).
   1)
   2)
   3)

5. ( regarder, Pierre et Sophie, *la télévision).
   *la は télévision に付く冠詞 → Leçon 3
   1)
   2)
   3)

**Devoir 1** 07 次の文に含まれている動詞を見つけ，その原形を書きましょう．そして意味のわからない単語を辞書で調べ，文を訳しましょう．また，CDをよく聞いて読めるようにしてきましょう．

1. Ils arrivent à Osaka.

2. Pierre marche vite.

3. Il rentre demain.

4. Elle danse avec Paul.

5. Nous cherchons Jacques.

**Devoir 2** 00 与えられた語句を使って次の文をフランス語にしてみましょう．正しい文が書けたかどうか，CDを聞いて確かめましょう．

1. 彼女たちはフランス語を話さないよ．(parler, français)

2. 彼女は Jean とは踊らないよ．(danser, avec)

3. 私たちは一緒に住んでいない．(habiter, ensemble)

4. 僕はテレビが好きじゃないんだ．(aimer, la télévision)

5. Paul と Marieは 働いていない．(et, travailler)

**Devoir 3** 08 CDを聞いて，聞こえた文をマルで囲みましょう．またその文を辞書を使って訳し，暗記してきてください．

1. J'habite à Londres.
   Il habite à Londres.
   Elle habite à Londres.
   Ils habitent à Londres.

2. Je ne parle pas japonais.
   Tu ne parles pas japonais.
   Nous ne parlons pas japonais.
   Ils ne parlent pas japonais.

3. J'arrive à Pékin.
   Il arrive à Pékin.
   Elle arrive à Pékin.
   Elles arrivent à Pékin.

**Devoir 4** 00 フランス語には規則動詞のほかに不規則動詞もあります．毎回少しずつ活用を覚えていきましょう．
次回までに acheter, manger の活用形 (p.87) の音とつづりを暗記してきましょう．辞書で意味を確認し，CD を何度も聞いてください．

次回の授業でテストがあります

# Leçon 2

# 疑問文

Leçon 1 では規則動詞の活用と否定文の作りかたを勉強しました．次にこの課では疑問文の作りかたを学習しましょう．フランス語の疑問文には3種類の形があります．

## Ⅰ．疑問文 09

フランス語の疑問文には3種類の形があります．話し言葉では1,2の形の疑問文をよく使い，3の形の疑問文は書き言葉などのあらたまった言葉遣いをするときに使います．

1. 平叙文の語順のまま語尾をあげて発音する．（主語＋動詞＋・・・？）

   Vous parlez français?　Oui, je parle français. / Non, je ne parle pas français.

2. 文頭に Est-ce que (qu') をつける．（Est-ce que ＋ 主語 ＋ 動詞 ＋ ・・・ ？）

   Est-ce que vous parlez français?

   Est-ce qu'il parle français?

3. 主語と動詞を倒置しハイフンで結ぶ．（動詞 － 主語 ＋ ・・・？）

   Parlez-vous français?

> **考えてみよう 1**
>
> Est-ce que が Est-ce qu' となるのは，どの主語の場合でしょうか．

## Ⅱ．倒置疑問文 10

上で見た3の形の疑問文を倒置疑問文といいます．倒置疑問文を作るにはいくつか注意点があります．主語と動詞を単に倒置するだけではない場合がありますので，気をつけましょう．

1. 否定文にするには，「動詞－主語」全体を ne と pas ではさみます．

   Parlez-vous français?　→　**Ne** parlez-vous **pas** français?

2. 主語と動詞を倒置することでハイフンの前後に母音が重なるときは，動詞と主語の間に -t- が入ります．この -t- には何も意味はありません．発音しやすくするためです．

   Parle-**t**-il français?　　　　（× Parle-il français?）

   Habite-**t**-elle à Kobe?　　（× Habite-elle à Kobe?）

> **考えてみよう 2**
>
> -t- は結局どの主語代名詞のときに必要だと思いますか．

3. 倒置疑問文は倒置させる主語が主語代名詞（je, tu, il, elle, on, nous, vous, ils, elles）でなければなりません．それ以外の名詞が主語のときには，その主語を代名詞で受けなおしてから倒置させます．その際，本来の主語は文頭に残しておきます．

   **Paul** parle-t-**il** français?　　　　（× Parle-Paul français?）

   **Marie** écoute-t-**elle** la radio?　　（× Ecoute-Marie la radio?）

## Ⅲ．疑問文とその答え方 11

　たとえば「ポールはフランス語を話すの？」というように，肯定文の疑問文には Oui または Non を使って答えます．

Paul parle français ?
Est-ce que Paul parle français ?
Paul parle-t-il français ?

$\longrightarrow$

**Oui**, <u>il parle français.</u>
　　　肯定文
**Non**, <u>il ne parle pas français.</u>
　　　否定文

　しかし，「ポールはフランス語を話さないの？」というような否定疑問文に答えるときには 注意が必要です．上の質問に「話す」と答えたいときには Si を，「話さない」と答えたいとき には Non を使います．

Paul ne parle pas français ?
Est-ce que Paul ne parle pas français ?
Paul ne parle-t-il pas français ?

$\longrightarrow$

**Si**, <u>il parle français.</u>
　　　肯定文
**Non**, <u>il ne parle pas français.</u>
　　　否定文

セーヌ川とノートルダム寺院

ブキニスト

----

**2 課のまとめ**

　この課で学んだことをまとめておきましょう．学習内容をよく復習して空欄を埋めてください．
・フランス語の疑問文には＿＿＿＿＿つの形がある．
　1．単に＿＿＿＿＿を上げて発音する．
　2．文頭に＿＿＿＿＿＿＿をつける．
　3．＿＿＿＿と＿＿＿＿を倒置し，＿＿＿＿＿＿で結ぶ．
・倒置疑問文を否定文にする場合には＿＿＿＿＿＿＿を ne と pas ではさむ．
・倒置疑問文で -t- を挿入するのはハイフンの前後に＿＿＿＿＿が重なるとき．
・倒置疑問文で倒置させる主語は＿＿＿＿＿＿＿でなければならない．
・肯定文の疑問文には＿＿＿＿＿または Non で答える．
・否定文の疑問文には＿＿＿＿＿または Non で答える．

→ Devoir 1

**Exercice 1** 次の文を3種類の疑問文に書きかえましょう.

1. Vous travaillez à New York.

2. Tu habites à Lyon.

3. Paul chante bien.

4. Nathalie cherche Paul.

5. Elles aiment Jean Réno.

→ Devoir 2

**Exercice 2** 次の文を倒置疑問文に書きかえましょう.

1. Tu regardes la télévision.

2. Vous n'habitez pas à Paris.

3. Elle rentre demain.

4. Pierre mange beaucoup.

5. Marie ne parle pas chinois.

→ Devoir 3

**Exercice 3** **Exercice 2** の質問に肯定と否定の両方で答えましょう.

1.

2.

3.

4.

5.

**Devoir 1** 12 CDを聞いて，読まれた文がどの形の疑問文なのか，当てはまる欄にしるしをつけましょう．（読まれた文を書き取ってみるのも良い勉強になります）

|  | 語　尾 | Est-ce que | 倒　置 |
|---|---|---|---|
| 1. |  |  |  |
| 2. |  |  |  |
| 3. |  |  |  |
| 4. |  |  |  |
| 5. |  |  |  |

**Devoir 2** 00 与えられた語を使って，次の文を倒置疑問文の形で作文してみましょう．

1. あなたたちは東京に住んでいるの？（habiter, à Tokyo）

2. 彼はパリで働いているのですか？（travailler, à Paris）

3. Sophie と Anne はたくさん食べますか？（manger, beaucoup）

4. 君はラジオを聞かないの？（écouter, la radio）

5. Pierre はフランス語を話さないの？（parler, français）

**Devoir 3** 13 **Devoir 2** の質問に肯定と否定の両方で答えましょう．

1.

2.

3.

4.

5.

**Devoir 4** 00 次回までに prendre の活用形 (p.87) の音とつづりを暗記してきましょう．辞書で意味を確認し，CD を何度も聞いてください．

次回の授業でテストがあります

# 名詞の性・数，冠詞

> フランス語では，すべての名詞に性（男性・女性）があります．たとえば，livre「本」は男性，chaise「椅子」は女性，soleil「太陽」は男性，lune「月」は女性といった具合です．また，英語と同じように単数・複数の区別もあります．名詞は，熟語表現などの一部を除いて，冠詞や所有形容詞（→Leçon 4）・指示形容詞（→Leçon 5）などとともに用いなければなりません．冠詞というと英語にも不定冠詞，定冠詞がありましたね．フランス語ではこのほかに部分冠詞というものがあります．ここでは，名詞の性と数，冠詞の形と使いかたを学習しましょう．

## Ⅰ．名詞  14

フランス語ではすべての名詞に性があります．「父」は男性名詞，「母」は女性名詞というように，生物を表す名詞に性別があるのはもちろんのこと，「本」，「椅子」，「勇気」，「忍耐」など無生物の語にも性があります．

| | | |
|---|---|---|
| 生物 | 男性名詞：garçon, père, étudiant, japonais, client | |
| | 女性名詞：fille, mère, étudiante, japonaise, cliente | |
| 無生物 | 男性名詞：Japon, livre, melon, courage, argent, hôtel | |
| | 女性名詞：France, chaise, pomme, patience, huile, école | |

---
**考えてみよう 1** 00

1. まわりの人と分担して上の単語を辞書で引いて意味を調べてみましょう．また，それぞれの名詞の性は辞書のどの部分を見ればわかりますか．
2. étudiant－étudiante, japonais－japonaise, client－cliente にはある規則性がありますね．どのような規則でしょうか．CDもよく聞いてください．

---

名詞の複数形は，英語と同じように語尾に s をつけます．ただし，単数形がもともと s で終わっているものにはあらためて複数の s をつける必要はなく，そのままで複数形としても用いることができます．

男性名詞：garçon**s**, étudiant**s**, livre**s**, hôtel**s**, japonais
女性名詞：fille**s**, étudiante**s**, chaise**s**, école**s**, japonaise**s**

---
**考えてみよう 2** 00

1. CDをよく聞いてください．単数形のときと複数形のときとでは，音に違いがありますか？
   crayon — crayons　　　　maison — maisons　　　　livre — livres　　　　chaise — chaises
2. 単数形が -al, -au, -eu などで終わる単語は -aux, -eux になることがあります．これらの例外的な複数形の形は辞書でも調べることができます．次の単語の複数形を辞書で調べてみましょう．さらにCDを聞いて，音の違いを確かめてみましょう．
   journal →　　　　animal →　　　　cheveu →　　　　gâteau →　　　　cadeau →

---

## Ⅱ．冠詞  15

フランス語の冠詞には，定冠詞，不定冠詞，部分冠詞の 3 種類があります．さらにそれぞれの冠詞には，次の表のように，単数名詞（男・女）用の形と複数名詞用の形があります．Ⅰで見たように，名詞の性や数は単語を発音しただけではわからないことが多いのです．そこでフランス語では冠詞を使って男性名詞・女性名詞，単数・複数の違いを伝えます．

## 定冠詞

|  | 単　数 | 複　数 |
|---|---|---|
| 男性 | **le** garçon (**l'**hôtel)<br>**le** courage (**l'**argent) | **les** garçons<br>**les** hôtels |
| 女性 | **la** fille (**l'**école)<br>**la** patience (**l'**eau) | **les** filles<br>**les** écoles |

## 不定冠詞

|  | 単　数 | 複　数 |
|---|---|---|
| 男性 | **un** garçon | **des** garçons |
| 女性 | **une** fille | **des** filles |

## 部分冠詞

|  |  |
|---|---|
| 男性 | **du** courage (**de l'**argent) |
| 女性 | **de la** patience (**de l'**eau) |

これら3つの冠詞には次のような使い分けがあります.

**定冠詞：**
　名詞によって表されるものの集合全体.「この世にあるすべての〜」「〜という名のあらゆるもの」
　特定できるもの（文脈や状況から限定できるもの，この世にひとつしかないものなど）.「あの〜」「その〜」「例の〜」

**不定冠詞：**
　名詞によって表されるものの集合のうちの一部.１つ，２つと数えるもの.「ある〜」「ひとつの（複数の）〜」

**部分冠詞：**
　名詞によって表されるものの集合のうちの一部.数の概念のないもの（数えないもの）.「いくらかの量の〜」

### 考えてみよう3

1. 定冠詞，部分冠詞の表を見てください.（　　）内の形を用いるのは，どのような場合だと思いますか.

2. 部分冠詞の例を見てください.どのような名詞が数えない名詞ですか.ほかにどのような名詞が数えない名詞の仲間だと思いますか.

3. 部分冠詞には単数・複数の区別がありません.なぜでしょうか.

## Ⅲ．ゼロの冠詞（否定のde） 16

　フランス語の名詞には，熟語表現など一部の場合を除いて，必ず冠詞をつけなければなりません.Ⅱで見た定冠詞，不定冠詞，部分冠詞はある人・物が（1つ，1人，複数，いくらかの量）「いる・ある」ことを示す冠詞です.何かが「ない」ということを示すためにも，（数・量が）ゼロであることを表す冠詞を使います.それが **de (d')** です.男性名詞，女性名詞，単数名詞，複数名詞のいずれにも使うことができます.

| | |
|---|---|
| Tu achètes des pommes ? | Non, je n'achète pas **de** pommes. |
| Est-ce que vous prenez de l'eau ? | Non, je ne prends pas **d'**eau. |

### 3 課のまとめ

　この課で学んだことをまとめておきましょう.学習内容をよく復習して空欄を埋めてください.
- フランス語の名詞には _____ ・ _____ がある.
- 名詞の複数形は単数形の語尾に _____ をつけて作る.
- 基本的に単数名詞と複数名詞の音は _____ .
- フランス語の冠詞には _____ 冠詞, _____ 冠詞, _____ 冠詞と,何かがないということを表すための _____ 冠詞がある.
- それぞれの冠詞には _____ 名詞用の形, _____ 名詞用の形, _____ 名詞用の形がある.
　定冠詞　　：_____ , _____ , _____
　不定冠詞　：_____ , _____ , _____
　部分冠詞　：_____ , _____
　ゼロの冠詞：_____

**Exercice 1** 次の単語の意味と性を辞書で調べ，（　）内に適当な定冠詞を入れましょう．

( 　　 ) télévision 　　 ( 　　 ) étoile 　　 ( 　　 ) chiens 　　 ( 　　 ) soleil

( 　　 ) lune 　　 ( 　　 ) radio 　　 ( 　　 ) maison 　　 ( 　　 ) chaises

( 　　 ) cinéma 　　 ( 　　 ) animal 　　 ( 　　 ) valise 　　 ( 　　 ) voiture


**Exercice 2** 次の単語の意味と性を辞書で調べ，（　）内に不定冠詞または部分冠詞のうち適当なものを入れましょう．数える名詞・数えない名詞をよく考えましょう．　　→ Devoir 1

( 　　 ) café 　　 ( 　　 ) table 　　 ( 　　 ) viande 　　 ( 　　 ) eau

( 　　 ) croissants 　　 ( 　　 ) air 　　 ( 　　 ) pain 　　 ( 　　 ) train

( 　　 ) musique 　　 ( 　　 ) tomates 　　 ( 　　 ) ami 　　 ( 　　 ) amie


**Exercice 3** 　17　 まず動詞を正しい形に活用させ，CDを聞きながら（　）内に聞こえた冠詞を入れましょう．またそれぞれの冠詞の用法も考えてみましょう．　　→ Devoir 2

1. Nous _____(écouter) ( 　　　　 ) musique.

2. Je _____(regarder) ( 　　　　 ) télévision.

3. Est-ce qu'il _____(aimer) ( 　　　　 ) chiens?

4. Vous _____(manger) ( 　　　　 ) viande?

5. Ils _____(acheter) ( 　　　　 ) maison.


**Exercice 4** Nonに続けて否定文で答えましょう．　　→ Devoir 3

1. Il écoute de la musique ?

2. Elle achète des croissants ?

3. Vous cherchez une valise ?

4. Elle mange du poisson ?

5. Ils prennent du café ?

**Devoir 1**　次の単語の意味と性を辞書で調べ，適当な定冠詞，および不定冠詞または部分冠詞をつけましょう.

・定冠詞をつける

( 　　 ) sport 　( 　　 ) chats 　( 　　 ) argent 　( 　　 ) appartement 　( 　　 ) fromage

( 　　 ) frère 　( 　　 ) sœur 　( 　　 ) chance 　( 　　 ) cheveux 　( 　　 ) vin

・不定冠詞または部分冠詞をつける

( 　　 ) sport 　( 　　 ) chats 　( 　　 ) argent 　( 　　 ) appartement 　( 　　 ) fromage

( 　　 ) frère 　( 　　 ) sœur 　( 　　 ) chance 　( 　　 ) cheveux 　( 　　 ) vin

**Devoir 2**　18　まず動詞を正しい形に活用させ，CDを聞きながら（　）内に聞こえた冠詞を入れましょう．またそれぞれの冠詞の用法も考えてみましょう.

1. Tu _____ (aimer) ( 　　　 ) chats?

2. Nous _____ (étudier) ( 　　　 ) français.

3. Vous _____ (manger) ( 　　　 ) pain?

4. Ils _____ (chercher) ( 　　　 ) appartement ?

5. Je _____ (prendre) ( 　　　 ) eau.

**Devoir 3**　00　次の語句を並べかえて文を作りましょう．動詞は正しく活用させてください．ただし，1語足りません．適当な語を補いましょう.

1. ( vin, elle, prendre, ne, pas ).

2. ( manger, pas, ne, fromage, nous ).

3. ( Paul et Marie, fumer, cigarettes, ne, pas ).

4. ( Monsieur Martin, pas, voiture, ne, acheter ).

5. ( ne, musique, écouter, vous, pas ) ?

**Devoir 4**　19　次回までにfinirの活用形 (p.87) の音とつづりを暗記してきましょう．辞書で意味を確認し，CDを何度も聞いてください.

次回の授業でテストがあります

# Leçon 4 — avoir, être の活用と用法，所有形容詞

> この課では，-er動詞（→ Leçon 1）とは違って不規則に活用する動詞（不規則動詞）のうち，もっとも重要な動詞である avoir と être を学びます．これらの動詞はさまざまな場面で使うことのできる便利な動詞です．また，「私の～」「あなたの～」など，所有者を表す所有形容詞も学習しましょう．

## Ⅰ．動詞 avoir 20

英語の have にあたる動詞です．Leçon 1 で学習した -er 動詞と違って不規則な活用をします．複合過去形（→ Leçon 9）を作るためにも必要な重要動詞のひとつですから，しっかり覚えましょう.

| avoir の活用 | | | |
|---|---|---|---|
| j' | ai | nous | avons |
| tu | as | vous | avez |
| il | a | ils | ont |
| elle | a | elles | ont |

**avoir の否定形**（自分で活用させてみよう）

Vous avez des frères ?　　　　Oui, j'ai un frère. / Non, je n'ai pas de frère.

Est-ce que tu as de l'argent ?　　Oui, j'ai de l'argent. / Non, je n'ai pas d'argent.

avoir は「持つ」という意味のほか，さまざまな熟語表現（年齢や，「（体の一部が）痛い」「（人や物が）いる・ある」「お腹が空いている」など）の中でも使われます.

Il a 18 ans.　　Tu as mal à la tête?

Il y a du vin dans la bouteille.　　J'ai faim.

**考えてみよう 1**
辞書を使って，左の例文を訳してみましょう.

## Ⅱ．動詞 être 21

英語の be にあたる動詞です．avoir と同様に不規則動詞です．複合過去形（→ Leçon 10）や受動態（→ Leçon 18）を作るときにも必要な動詞ですから，しっかり覚えましょう.

| être の活用 | | | |
|---|---|---|---|
| je | suis | nous | sommes |
| tu | es | vous | êtes |
| il | est | ils | sont |
| elle | est | elles | sont |

**être の否定形**（自分で活用させてみよう）

英語の be 動詞と同じような働きをし，基本的には「主語 ＝ ○○」であることを表します．主語とイコールで結ばれる名詞や形容詞のことをフランス語では**属詞**（英語では補語といっていましたね）といいます．être はイコールの意味ですから，属詞は主語と性・数が同じでなければなりません．これを**性・数の一致**といいます.

Je suis étudiant. / Je suis étudiante.

Il est étudiant. / Elle est étudiante.

Ils sont étudiants. / Elles sont étudiantes.

**考えてみよう 2**
左の例で主語が nous, vous のとき，étudiant はどのようになると思いますか．あらゆる可能性を考えて文にしてください.

être は C'est + 単数名詞 / Ce sont + 複数名詞という表現の中でも用いられています．これらの表現を使えば，いろいろな「もの・こと・人」を指し示すことができます．

—Qu'est-ce que c'est ?　　　　C'est un livre. / Ce sont des livres.
—Qui est-ce ?　　　　　　　　C'est un étudiant. / Ce sont des étudiants.
　　　　　　　　　　　　　　　C'est Pierre. / Ce sont Pierre et Marie.
—C'est une école ?　　　　　　Non, ce n'est pas une école. C'est un hôpital.
—C'est un musicien?　　　　　Non, ce n'est pas un musicien. C'est un acteur.

**考えてみよう 3**

これまでに学習した単語を使って，上と同じようなやりとりをしてみましょう．

## Ⅲ．所有形容詞 〔22〕

Leçon 3で学習したように，フランス語では名詞の前に冠詞が付きますが，冠詞の代わりに「私の」，「あなたの」，「彼の」，といった所有者を表す所有形容詞を用いることもできます．冠詞の場合と同様に，名詞の性・数に応じた形があります．規則的ですから，覚えてしまいましょう．

| 意　味 | 単　数 | | 複　数 |
|---|---|---|---|
| | 男性名詞 | 女性名詞 | |
| 私の | **mon** livre | **ma** montre ( **mon** amie ) | **mes** livres<br>**mes** montres, **mes** amies |
| 君の | **ton** livre | **ta** montre ( **ton** amie ) | **tes** livres<br>**tes** montres, **tes** amies |
| 彼の<br>彼女の | **son** livre | **sa** montre ( **son** amie ) | **ses** livres<br>**ses** montres, **ses** amies |
| 私たちの | **notre** livre | **notre** montre, **notre** amie | **nos** livres<br>**nos** montres, **nos** amies |
| あなたの<br>あなたたちの | **votre** livre | **votre** montre, **votre** amie | **vos** livres<br>**vos** montres, **vos** amies |
| 彼らの<br>彼女たちの | **leur** livre | **leur** montre, **leur** amie | **leurs** livres<br>**leurs** montres, **leurs** amies |

　フランス語では「彼の」「彼女の」の区別はなく，うしろにくる名詞が男性名詞のときには son，女性名詞のときには sa を使います．どちらの意味になるかは文脈などで判断します．

**考えてみよう 4**

(　)内の名詞は女性名詞ですが，所有形容詞は男性単数用の形を使います．これまでに学習したことを参考にして，なぜそうなっているのかを考えてみましょう．

**4 課のまとめ**
　この課で学んだことをまとめておきましょう．学習内容をよく復習して空欄を埋めてください．
・英語の have に当たる動詞は ＿＿＿＿＿＿＿＿，be にあたる動詞は ＿＿＿＿＿＿＿＿．
・être のうしろにくる名詞や形容詞は ＿＿＿＿＿＿＿ と呼ばれ，主語と ＿＿＿＿＿＿・＿＿＿＿＿ を一致させなければならない．
・所有形容詞はうしろにくる名詞の ＿＿＿＿＿＿・＿＿＿＿＿ によって決まった形がある．
・女性単数名詞で，母音または h 始まりの語には ＿＿＿＿＿＿＿ 用の所有形容詞を用いる．

**Exercice 1**　下線部に avoir の活用を入れ，辞書を引いて文の意味を考えてください．（　）内には Leçon 3 で学習した冠詞のうち，適当なものをいれましょう． → Devoir 1

1. Elles ＿＿＿＿＿＿＿（　　　　）fleurs à（　　　　）main.

2. Nous ＿＿＿＿＿＿＿（　　　　）enfants, un garçon et deux filles.

3. Elle n'＿＿＿＿＿＿＿ pas（　　　　）fille.

4. Vous＿＿＿＿＿＿＿ raison.

5. J'＿＿＿＿＿＿＿ chaud / froid.

6. Tu＿＿＿＿＿＿＿ mal à la jambe ?

7. Il y＿＿＿＿＿＿＿（　　　　）thé dans（　　　　）tasse.

**Exercice 2**　次の文を（　）内の主語を使って書きかえてください．動詞や名詞を変化させるのを忘れないようにしましょう．

1. Je suis japonais.（elle）

2. Elles sont étudiantes.（il）

3. Est-ce que Paul est anglais?（elle）

4. Tu es chinois(e)?（vous：となりの人に向かって質問し，質問された人はそれに答えてください）

5. Vous êtes étudiant(e)?（tu：となりの人に向かって質問し，質問された人はそれに答えてください）

**Exercice 3**　指示された語を使って次の質問に対する答えを作文してみましょう． → Devoir 2

（例）Qu'est-ce que c'est? C'est une école?（non, hôpital）
　　 → Non, ce n'est pas une école. C'est un hôpital.

1. Qu'est-ce que c'est? C'est un magasin?（non, banque）

2. Qu'est-ce que c'est? Ce sont des restaurants?（non, boutiques）

3. Qui est-ce? C'est Pierre?（non, ami *de Pierre）　*de 〜：〜の

4. C'est le professeur de Marie?（non, père）

**Exercice 4**　指示された意味になるように，（　）内に適当な所有形容詞を入れましょう．
→ Devoir 3

| | | |
|---|---|---|
| （私の　　　　）mère | （彼女の　　　　）père | （君の　　　　）parents |
| （彼女の　　　　）enfants | （あなたの　　　　）robe | （彼らの　　　　）ami |
| （私たちの　　　　）université | （私の　　　　）dictionnaire | （彼の　　　　）maison |

**Devoir 1** `23` CDを聞いて，（ ）内に聞こえた語句を入れましょう．そして，辞書を使って文の意味を調べてみましょう．

1. Tu n'(       ) pas (       ) chance.
2. (      ) (       ) besoin de votre aide.
3. (      ) (       ) sommeil.
4. (      ) (       ) soif ?
5. (      ) (       ) 20 ans.
6. Il y (      ) (       ) livres sur (      ) table.

**Devoir 2** `00` 与えられた語を使って，次の文をフランス語にしましょう．そしてCDを聞いて，正しく書けたかどうか確かめてください．

1. 私たちは中国人ではありません．日本人です．(chinois, japonais)

2. それは何ですか？　辞書です．(dictionnaire)

3. あれは誰ですか？　Jean Rénoですよ．彼はフランス人です．(français)

4. 彼らは学生ですか？いいえ，先生ですよ．(étudiant, professeur)

5. それは銀行ですか？　いいえ銀行ではありませんよ．郵便局です．(banque, poste)

6. これは Pierre の学校です．(école)

**Devoir 3** `24` 与えられた語を使って，次の文をフランス語にしましょう．そしてCDを聞いて，正しく書けたかどうか確かめてください．

1. 彼の両親は東京に住んでいます．(parents, à Tokyo)

2. 私の父は英語を上手に話します．(père, anglais, bien)

3. 彼女の弟はテレビを見ています．(frère, télévision)

4. 彼らの妹は10歳です．(sœur, 10 ans)

5. これは私の大学です．(université)

**Devoir 4** `00` 次回までに ouvrir の活用形 (p.87) の音とつづりを暗記してきましょう．辞書で意味を確認し，CD を何度も聞いてください．

次回の授業でテストがあります

# Leçon 5

## 形容詞，指示形容詞

いろいろな「もの・こと」の状態や様子，性質を表す（形容する）のが形容詞の働きです．形容詞をうまく使えるようになれば，フランス語で表現できることの幅がグンと広がります．ここでは，フランス語の形容詞の特徴と使いかたを学習しましょう．また，「この」「その」「あの」という意味を持つ指示形容詞も学びます．

## Ⅰ．形容詞  25

être は「主語＝〇〇」であることを表す動詞なので，そのあとにくる属詞は主語と性・数を一致させなければなりませんでしたね（→Leçon 4）．

Il est étudiant. / Elle est étudiant**e**.     Ils sont étudiant**s**. / Elles sont étudiant**es**.

性・数一致は，「学生である」とか「日本人である」といった，身分や国籍を表す場合だけではなく，たとえば「背が高い」や「頭がいい」などの形容詞を使った場合にも起こります．

Il est grand. / Elle est grand**e**.     Ils sont grand**s**. / Elles sont grand**es**.
Il est intelligent. / Elle est intelligent**e**.     Ils sont intelligent**s**. / Elles sont intelligent**es**.

形容詞は属詞として être のうしろに置かれる以外にも，名詞と直接結びつくこともできます．その場合，普通，**形容詞は名詞のうしろ**に付きます．また，フランス語ではその名詞の性・数に合わせて形容詞も男性形，女性形，男・女複数形になります．一般に，形容詞を**女性形にするには男性形に e をつけ**（男性形が e で終わるものは男女同形），**複数形にするには男女それぞれの単数形に s をつける**だけです（単数形が s で終わるものは単複同形）．

un ami allemand　　ドイツ人の友人　　　un film intéressant　　おもしろい映画
**une** amie allemand**e**　　　　　　　　　**une** émission intéressant**e**　　おもしろい番組
**des** ami**s** allemand**s**　　　　　　　　　**des** film**s** intéressant**s**
**des** ami**es** allemand**es**　　　　　　　　**des** émission**s** intéressant**es**

---
**考えてみよう 1**

上の例を参考にして，以下の文をそれぞれの指示に従って書きかえてみましょう．

1. Il est content.  (il を elle, nous, vous, ils, elles に．何通りか考えられるものがあります)

2. Il porte un pantalon vert.  (pantalon を cravate, gants, chaussures に)

---

ほとんどの形容詞は名詞のうしろに置かれますが，以下のような一部の形容詞は，英語と同じように普通，名詞の前に置かれます（カッコ内は特殊な形になる女性形）．

---
petit　grand　bon (bonne)　mauvais　jeune　nouveau (nouvelle)　vieux (vieille)
long (longue)　court　ancien (ancienne)　beau (belle)　joli など

---

Il habite dans un **petit** appartement.　　C'est une **jolie** fille.

---
**考えてみよう 2**

上に挙げられている形容詞の意味を辞書で調べてみましょう．

---

男・女複数名詞の前に形容詞が置かれるとき，不定冠詞 des は de になります．

| un petit appartement | → | **de** petits appartements （×des petits appartements） |
| une jolie fille | → | **de** jolies filles （×des jolies filles） |

## Ⅱ．男性第二形を持つ形容詞  26

　いくつかの形容詞は男性形を2つ持っています．その代表が上で見た beau です．このタイプの形容詞では，女性形は男性第二形から作ります．

|  | 単数形 | 複数形 |
|---|---|---|
| 男性形<br>男性第二形 | beau<br>bel | beaux |
| 女性形 | belle | belles |

| un **beau** garçon | de **beaux** garçons |
| un **bel** arbre | de **beaux** arbres |
| un **bel** homme | de **beaux** hommes |
| une **belle** femme | de **belles** femmes |

> **考えてみよう 3**
> nouveau, vieux などもこのタイプの形容詞です．上と同じような表を作ってみましょう．男性第二形はどのようなときに使われるのでしょうか．これまでに学習したことを参考にして考えてみましょう．

## Ⅲ．指示形容詞  27

　Leçon 3 で学習したように，フランス語では名詞の前に冠詞が付きますが，冠詞の代わりに「この〜」「その〜」「あの〜」と何かを指し示す場合などに用いられる指示形容詞を使うこともできます．冠詞の場合と同様に，名詞の性・数に応じた形があります．

|  | 単 数　こ（そ）（あ）の | 複数　こ（そ）（あ）れらの |
|---|---|---|
| 男 性 | **ce** garçon<br>**cet** hôtel,　**cet** arbre | **ces** garçons<br>**ces** hôtels,　**ces** arbres |
| 女 性 | **cette** fille | **ces** filles |

> **考えてみよう 4**
> 男性単数形の cet はどのようなときに使われるのか，これまでに学習したことを参考にして，考えてみましょう．

> **5 課のまとめ**
> 　この課で学んだことをまとめておきましょう．学習内容をよく復習して空欄を埋めてください．
> ・フランス語の形容詞には名詞と同様に＿＿＿＿＿＿・＿＿＿＿＿＿ がある．
> ・形容詞は一般に名詞の＿＿＿＿＿＿ に置かれる．
> ・複数名詞の前に形容詞がつくとき，不定冠詞 des は＿＿＿＿＿ になる．
> ・形容詞 beau の男性第二形は＿＿＿＿＿＿ である．これは男性単数で＿＿＿＿＿ 始まりの名詞に対して用いる形である．
> ・指示形容詞はうしろにくる名詞の＿＿＿＿＿・＿＿＿＿＿ によって決まった形がある．

（ ）に適当な不定冠詞を入れ，与えられた形容詞を適当な形にして下線部を埋めましょう.

1. (       ) table _____ ( rond )

2. (       ) téléphone _____ ( portable )

3. (       ) films _____ ( japonais )

4. (       ) amies _____ ( français )

5. (       ) sacs _____ ( noir )

（ ）に適当な不定冠詞を入れ，与えられた形容詞を適当な形にして正しい位置に入れましょう. → Devoir 1

1 (       ) _____ livres _____ ( intéressant )

2. (       ) _____ filles _____ ( petit )

3. (       ) _____ homme _____ ( jeune )

4. (       ) _____ idée _____ ( bon )

5. (       ) _____ sac _____ ( grand, bleu )

（ ）に適当な不定冠詞を入れ，与えられた形容詞を適当な形にして下線部を埋めましょう. → Devoir 2

1. (       ) _____ fleur      ( beau )

2. (       ) _____ oiseau      ( beau )

3. (       ) _____ maisons      ( nouveau )

4. (       ) _____ livres      ( vieux )

5. (       ) _____ étoiles      ( beau )

（ ）内に適当な指示形容詞を入れましょう. → Devoir 3

(      ) livre       (      ) sacs       (      ) filles

(      ) enfant       (      ) parapluie       (      ) amis

(      ) université       (      ) dictionnaire       (      ) maison

(      ) classe

**Devoir 1** `28` 日本語文の内容に合うように（　）内に適当な語を入れて文を完成させましょう．そして CD を聞き，正しく書けたかどうか確かめてください．

1. 彼には日本人の友達がいる．
   Il (　　　　　) (　　　　　　　) amis (　　　　　　　　　　).
2. 彼女の息子たちは頭がいい．
   (　　　　　　) fils (　　　　　　) (　　　　　　　　　　).
3. 彼らは大きな家に住んでいる．
   Ils (　　　　　　　　　) dans (　　　　　　) (　　　　　　　) maison.
4. 家の前に若い男性がいる．
   Il y (　　　) (　　　　) (　　　　　　　　) homme devant la maison.
5. 難しい問題ですね．でも私にいい考えがありますよ．　難しい：difficile, 問題：problème
   C'est (　　　　) problème (　　　　　　　). Mais j'(　　　　) une (　　　　) idée.


**Devoir 2** `00` 日本語文の内容に合うように（　）内に適当な語を入れて文を完成させましょう．そして CD を聞き，正しく書けたかどうか確かめてください．

1. 彼らには 3 人子供がいる．ハンサムな男の子 1 人と美人の女の子 2 人だ．
   Ils (　　　　　　) trois enfants, un (　　　　　　) garçon et deux (　　　　　) filles.
2. 庭にきれいな鳥がいる．
   Il y (　　　　　) un (　　　　　) oiseau dans (　　　　　) jardin.
3. アンヌは美人ですね．ポールもハンサムです．
   Anne (　　　　　) (　　　　　). Paul (　　　　　) (　　　　　) aussi.
4. 彼はきれいな赤い車を持っている．　赤い：rouge
   Il (　　　　　) une (　　　　　) voiture (　　　　　).
5. 私たちはドイツの美しい歌を聞いている．　ドイツの：allemand
   Nous (　　　　　) (　　　　　) (　　　　　) chansons (　　　　　).


**Devoir 3** `29` 与えられた語を使って（性・数の変化に気をつけて），次の文をフランス語にしましょう．そして CD を聞いて，正しく書けたかどうか確かめてください．

1. この家は小さいですね．(maison, petit)

2. 彼はこの新しいマンションに住んでいるんです．(dans, nouveau, appartement)

3. 私はこのきれいな本を買います．(acheter, beau, livre)

4. あの子供たちはテレビを見ません．(enfant, regarder)

5. これらの花はきれいですね．(fleur, beau)


**Devoir 4** `00` 次回までに faire の活用形 (p.87) の音とつづりを暗記してきましょう．辞書で意味を確認し，CD を何度も聞いてください．

次回の授業でテストがあります

# Leçon 6

## 比較級，最上級

Leçon 5では形容詞について学習しました．フランス語では形容詞にも性・数の区別がありましたね．この課では，形容詞の使いかたを復習しながら，さらに比較級，最上級の作りかたも見ておきましょう．

### Ⅰ．比較級 30

「もの・こと・人」を修飾する形容詞や，動詞によって表される行為などを修飾する副詞（（例）速く歩く）によって表される内容は，しばしば比較の対象になります．このような場合，フランス語でも比較級の形を用います．次の例文を見て，フランス語の比較級の作りかたをまとめましょう．

マリーはソフィーより背が高い．
Marie est **plus** grande **que** Sophie.

マリーはソフィーより速く歩く．
Marie marche **plus** vite **que** Sophie.

マリーはソフィーと同じくらい背が高い．
Marie est **aussi** grande **que** Sophie.

マリーはソフィーと同じくらい速く歩く．
Marie marche **aussi** vite **que** Sophie.

マリーはソフィーほど背が高くない．
Marie est **moins** grande **que** Sophie.

マリーはソフィーほど速く歩かない．
Marie marche **moins** vite **que** Sophie.

| 比較級の作りかた |
|---|
| …より〜だ（優等比較）　　　　　：（　　　　　）＋ 形容詞または副詞 ＋（　　　　　）＋ 比較の対象 |
| …と同じくらい〜だ（同等比較）：（　　　　　）＋ 形容詞または副詞 ＋（　　　　　）＋ 比較の対象 |
| …ほど〜ではない（劣等比較）　：（　　　　　）＋ 形容詞または副詞 ＋（　　　　　）＋ 比較の対象 |

ただし，**形容詞 bon と副詞 bien の優等比較**には比較級専用の形があります．

| 形容詞 bon(ne)(s) : **meilleur(e)(s)** que 比較の対象 | 副詞 bien : **mieux** que 比較の対象 |
|---|---|
| （×plus bon(ne)(s) que … ） | （×plus bien que … ） |
| ただし aussi bon(ne)(s) que … | ただし aussi bien que … |
| moins bon(ne)(s) que … | moins bien que … |

**考えてみよう 1**

比較級になっても形容詞は意味のかかる名詞（上の例ではマリー）に合わせて性・数一致していることを確認しておきましょう．副詞の比較級では性・数一致がありません．なぜでしょうか．

肉屋

## Ⅱ．最上級 31

「(…のうちで) もっとも〜だ」という場合，最上級の形を用います．フランス語の最上級は**定冠詞＋比較級**という形で表されます．「〜のうちで」は普通 de 〜で表されます．

---

### 最上級の作りかた

形容詞の最上級 → (…で) もっとも〜： **le, la, les** ＋ plus / moins ＋ 形容詞 (＋ de …)

副詞の最上級　→ (…で) もっとも〜： **le** ＋ plus / moins ＋ 副詞 (＋ de …)

bon(ne)s の最上級： **le, la, les** ＋ meilleur(e)(s) / moins bon(ne)s

bien の最上級： **le** ＋ mieux / moins bien

---

形容詞： Paul est **le plus beau** de cette classe.
　　　　Marie est **la plus belle** de cette classe.
　　　　Paul et Jean sont **les plus beaux** de cette classe.
　　　　Marie et Sophie sont **les plus belles** de cette classe.

副　詞：*C'est Eric qui chante **le mieux**. / C'est Anne qui chante **le moins bien**.
　　　　*c'est 〜 qui … : 強調構文「… なのは 〜 だ」

### 考えてみよう 2

形容詞を用いて最上級を作る場合，定冠詞は3種類 (le, la, les) の中から適当なものを選ばなければなりません．上の例文を見て，どのように定冠詞が選択されているのか考えてみましょう．また，副詞を用いる最上級では定冠詞は le しか使用しません．なぜでしょうか．

チーズ屋

八百屋

---

### 6 課のまとめ

この課で学んだことをまとめておきましょう．学習内容をよく復習して空欄を埋めてください．

・フランス語の比較級は ＿＿＿＿＿ 〜 ＿＿＿＿＿， ＿＿＿＿＿ 〜 ＿＿＿＿＿， ＿＿＿＿＿ 〜 ＿＿＿＿＿ で形容詞または副詞をはさんで作る．

・bon(ne)(s) の優等比較は ＿＿＿＿＿＿＿＿＿＿， bien の優等比較は ＿＿＿＿＿＿＿＿＿＿ である．

・フランス語の最上級は ＿＿＿＿＿＿＿＿ ＋ ＿＿＿＿＿＿＿＿＿ という形で表される．

・形容詞の最上級では，＿＿＿＿＿ 冠詞は ＿＿＿＿＿＿＿＿ に合わせて選択する．

・副詞の最上級では，＿＿＿＿＿ 冠詞は ＿＿＿＿＿＿＿＿ のみを使う．

→ Devoir 1

**Exercice 1** 日本語文の内容に合うように，(　　) 内に適当な比較級の表現を入れましょう.

1. ルイはピエールと同じくらいハンサムだ.
   Louis est (　　　　　　) beau (　　　　　　) Pierre.
2. フランスのお菓子は日本のお菓子よりおいしい.
   Les gâteaux français sont (　　　　　　) (　　　　　) les gâteaux japonais.
3. 私はセシルほど背が高くない.
   Je suis (　　　　　) grande (　　　　　) Cécile.
4. カミーユはジャンヌより上手に歌う.
   Camille chante (　　　　) (　　　　　　) Jeanne.
5. 彼らはマリーより背が低い.
   Ils sont (　　　　　) petits (　　　　　) Marie.

→ Devoir 2

**Exercice 2** 日本語文の内容に合うように，(　　) 内に適当な最上級の表現を入れましょう.

1. この本が一番おもしろい.
   Ce livre est (　　　　　　) (　　　　　　　) intéressant.
2. 彼女は家族の中で一番背が低い.
   Elle est (　　　　　　) (　　　　　　) petite (　　　　　　) la famille.
3. 春と秋はこの国でもっともよい季節です.
   Le printemps et l'automne sont (　　　　　) (　　　　　) saisons (　　　　) ce pays.
4. 英語を話すのが一番下手なのはジャンですか？
   C'est Jean qui parle (　　　　　) (　　　　　) (　　　　　) anglais?
5. この赤いセーターが一番安い.
   Ce pull rouge est (　　　　　　) (　　　　　) cher.

**Exercice 3** 日本語文の内容に合うように，(　　) 内の語句を並べかえて正しい文にしましょう.
ただし1語補ってください．動詞も正しく活用させましょう.
→Devoir 1, 2

1. アルレットは彼女の弟ほど背が高くない. (Arlette, son, grande, frère, que, être)

2. セシルは ベルナールより早口で話す. (Cécile, Bernard, vite, parler, que)

3. マリーはジャンと同じくらいうまく踊る. (Marie, Jean, danser, que, bien)

4. この時計が一番良い. (montre, la, être, cette)

5. クリスティーヌは私の友達の中で一番頭がいい. (Christine, intelligente, amies, de, la, être, mes)

**Devoir 1** `32` 日本語文と同じような内容を表すように，比較級の表現を使って文を完成させましょう．

1. Marie と Camille とでは Camille のほうが背が高い．

   Camille est _____ .

2. 私は Colette ほど歌がうまくない．

   Je chante _____ .

3. フランス語は英語と同じくらいおもしろい．

   Le français est _____ l'anglais.

4. 寿司はフォワグラよりもおいしい．

   Les sushis sont _____ le foie gras.

5. Céline と Sophie とでは Céline のほうが速く歩く．

   Sophie marche _____ .


**Devoir 2** `00` 日本語文と同じような内容を表すように，最上級の表現を使って文を完成させましょう．

1. 彼女はこの国で一番美しい！

   Elle est _____ de ce pays !

2. アンヌは家族の中で一番背が低い．

   Anne est _____ grande _____ la famille.

3. ルシーが一番上手に踊っていますね．

   C'est Lucie qui _____ .

4. マリーはクラスで一番すばらしい（良い）学生だ．

   Marie est _____ étudiante _____ .

5. ポールは一団の中で歩くのが一番遅い．

   C'est Paul qui marche _____ la troupe.


**Devoir 3** `33` 次回までに dormir, partir の活用形 (p.87) の音とつづりを暗記してきましょう．辞書で意味を確認し，CD を何度も聞いてください．


次回の授業でテストがあります

# Leçon 7

## aller, venir (1), 冠詞の縮約形

> aller「行く」，venir「来る」は，avoir や être などと同様に不規則活用動詞の仲間です．そのままの意味で使うのはもちろんのこと，Leçon 8 で学習するように，未来や過去のことを表すときにも用いることのできる便利な動詞です．ここでは aller, venir の活用と，この2つの動詞とともに用いられることが多い代表的な前置詞 à, de の使いかたを学習します．

### Ⅰ．allerとvenir 〔34〕

allerは語尾がerで終わっていますが，不規則動詞の仲間です．venirも不規則動詞です．どちらも使用頻度の高い動詞ですから，使いながら覚えてしまいましょう．

| aller の活用 | | | |
|---|---|---|---|
| je | vais | nous | allons |
| tu | vas | vous | allez |
| il | va | ils | vont |
| elle | va | elles | vont |

**aller の否定形**（自分で活用させてみよう）

| venir の活用 | | | |
|---|---|---|---|
| je | viens | nous | venons |
| tu | viens | vous | venez |
| il | vient | ils | viennent |
| elle | vient | elles | viennent |

**venir の否定形**（自分で活用させてみよう）

Vous allez à Paris ?　　Oui, je vais à Paris. / Non, je ne vais pas à Paris.
Ils viennent de Tokyo ?　　Oui, ils viennent de Tokyo. / Non, ils ne viennent pas de Tokyo.
Elle vient d'Okinawa ?　　Oui, elle vient d'Okinawa. / Non, elle ne vient pas d'Okinawa.

**考えてみよう**

1. 上の例文で使われている à と de (d') は，これまでにも何度か目にしてきましたね．どこに出てきたか探してみましょう．そして à や de (d') がどんな意味を持つ語か辞書で調べてみましょう．上の例文ではどのような意味で使われていますか．

2. de が d' になるのはどういうときだと思いますか．これまでに学習したことを参考に考えてみましょう．

### Ⅱ．前置詞 à と de の縮約形 〔35〕

**考えてみよう** で調べたように，à や de (d') はさまざまな場面で用いることのできる，とても便利な前置詞です．しかし，これらの前置詞のあとに定冠詞付きの名詞（→ Leçon 3）がくると，以下のように，前置詞と冠詞がくっついてひとつの語になる場合があります．これを **à / de と定冠詞の縮約形**と言います．

| à と定冠詞の縮約形 |
|---|
| à + le 男性名詞　→ **au** 男性名詞 |
| à + les 複数名詞　→ **aux** 複数名詞 |

| de と定冠詞の縮約形 |
|---|
| de + le 男性名詞　→ **du** 男性名詞 |
| de + les 複数名詞　→ **des** 複数名詞 |

| à + le restaurant | → **au** restaurant : | Je vais **au** restaurant. |
| à + les Etats-Unis | → **aux** Etats-Unis : | Il va **aux** Etats-Unis. |
| de + le Japon | → **du** Japon : | Nous venons **du** Japon. |
| de + les enfants | → **des** enfants : | C'est la photo **des** enfants. |

女性名詞や，男性名詞であっても h または母音始まりの名詞がうしろにくる場合には縮約はありません．

Tu vas **à la** poste ?　Tu vas **à l'**école.　C'est la clé **de la** voiture.　C'est la clé **de l'**hôtel.

## Ⅲ．国名を表す名詞と縮約形　㊱

フランス語では国名を表す名詞にも性別があります．たとえば France「フランス」は女性名詞，Japon「日本」は男性名詞です．これらの国名を表す名詞が前置詞 à や de のうしろにくると縮約形の規則が少し変わります．

一般の名詞では縮約が起こるのはうしろに男性単数名詞や複数名詞がくるときのみで，女性単数名詞や h または母音始まりの名詞がうしろにくるときには縮約は起きませんでした．ところが国名がうしろにくる場合には女性名詞である国名や h や母音始まりの国名の場合にも縮約が起こります．以下の例文をよく見て，国名を表す名詞がうしろにくる場合にはどうなるのか，自分でまとめてみましょう．

| à + 国名 | de + 国名 | à + 男性名詞の国名 | → |
| Tu vas **au** Japon? | Tu viens **du** Japon? | à + 複数名詞の国名 | → |
| Tu vas **au** Canada? | Tu viens **du** Canada? | à + 女性名詞の国名 | → |
| Tu vas **aux** Etats-Unis? | Tu viens **des** Etats-Unis? | à + 母音始まり名詞の国名 | → |
| Tu vas **aux** Philippines? | Tu viens **des** Philippines? | | |
| Tu vas **en** France? | Tu viens **de** France? | de + 男性名詞の国名 | → |
| Tu vas **en** Chine? | Tu viens **de** Chine? | de + 複数名詞の国名 | → |
| Tu vas **en** Italie? | Tu viens **d'**Italie? | de + 女性名詞の国名 | → |
| Tu vas **en** Angleterre? | Tu viens **d'**Angleterre? | de + 母音始まり名詞の国名 | → |

---

**7 課のまとめ**

この課で学んだことをまとめておきましょう．学習内容をよく復習して空欄を埋めてください．

- aller の意味は _____，venir の意味は _____．どちらの動詞も活用は _____ である．
- 前置詞の _____ や _____ はうしろにくる名詞に付いた _____ と縮約を起こす．
  - à + le → _____ ，à + les → _____ ，à + la → _____ ，à + l' → _____
  - de + le → _____ ，de + les → _____ ，de + la → _____ ，de + l' → _____
- 前置詞の _____ や _____ のあとに国名を表す名詞がくる場合には，
  - à + le → _____ ，à + les → _____ ，à + la → _____ ，à + l' → _____
  - de + le → _____ ，de + les → _____ ，de + la → _____ ，de + l' → _____

**Exercice 1**　（　）内の地名を使って次の質問に対する答えを作文してみましょう.

→ Devoir 1

1. Tu vas où ?　(Sapporo)

2. Tu viens d'où ?　(Aomori)

3. Vous habitez où ?　(Nagoya)

4. Il travaille où ?　(Yokohama)

5. Elles arrivent d'où ?　(Okayama)

**Exercice 2**　動詞を正しい形に活用させ，日本語文の内容に合うように（　）内に à / de ＋定
冠詞の適当な形を入れましょう.

→ Devoir 2

1. 私たちは映画に行く.
   Nous _____(aller) (　　　　　　) cinéma.
2. お手洗いに行ってきます.
   Je _____(aller) (　　　　　　) toilettes.
3. ベルナールとセリーヌは10時に空港に着く.
   Bernard et Céline _____(arriver) (　　　　　　) aéroport à 10 heures.
4. 彼らは学校にいる.
   Ils _____(être) (　　　　) école.
5. 私は病院の住所を探している.
   Je _____(chercher) l'adresse (　　　　) hôpital.
6. 背中（腰）が痛いの?　　〜が痛い : avoir mal à 〜
   Tu _____(avoir) mal (　　　) dos ?
7. パリは世界で一番美しい街のひとつです.　　〜のひとつ : un (une) de 〜
   Paris _____(être) une (　　　　) plus belles villes (　　　　) monde.
8. 彼女は田舎からやって来ます.
   Elle _____(venir) (　　　　) campagne.

**Exercice 3**　動詞を正しい形に活用させ，日本語文の内容に合うように（　）内に à / de ＋ 定
冠詞の適当な形を入れましょう.

→ Devoir 3

1. 彼女の両親はフランスに住んでいる.
   Ses parents _____(habiter) (　　　) France.
2. あなたは日本から来られているのですか?
   Vous _____(venir) (　　　) Japon ?
3. ピザはイタリア生まれだ.
   Les pizzas _____(venir) (　　　) Italie.
4. ブリジットはアメリカで働いているの?
   Brigitte _____(travailler) (　　　　) Etats-Unis ?
5. 私たちは日本でフランス語を勉強しています.
   Nous _____(étudier) le français (　　　) Japon.

**Devoir 1** `37` CDを聞いて，（　　）内に聞こえた語を入れましょう.

1. (　　　　　　) (　　　　　　　　) de Kobe.
2. (　　　　　　) (　　　　　　　　) à Nagoya ?
3. Nous (　　　　　　) (　　　　　　　) Tokyo.
4. Je (　　　　　) (　　　　　　　) Marseille.
5. Vous (　　　　　　) (　　　　　　　　) Londres ?

**Devoir 2** `00` 次の語句を使ってフランス語で作文してみましょう．縮約形に気をつけてください.そしてCDを聞いて答えを確かめましょう.

1. 家の鍵を持ってる？（avoir, clé, maison）

2. あなたは大学に行くのですか？（aller, université）

3. スーパーでりんごを買います．（acheter, pommes, supermarché）

4. 友達と喫茶店に行きます．（aller, café, avec, amis）

5. 風は南から吹いて（来て）いる．（vent, venir, sud）

**Devoir 3** `38` 次の語句を使ってフランス語で作文してみましょう．縮約形に気をつけてください.そしてCDを聞いて答えを確かめましょう.

1. 私の友人がイタリアから到着する．（amis, arriver, Italie）

2. フランスでカバンを買うの？（acheter, sac, France）

3. 私はオランダを旅行する．（voyager, Pays-Bas）

4. あの電車はイギリスから来ている．（train, venir, Angleterre）

5. 彼女の弟は日本にいる．（frère, être, Japon）

**Devoir 4** `00` 次回までに connaître, savoir の活用形 (p.87) の音とつづりを暗記してきましょう．辞書で意味を確認し，CD を何度も聞いてください.

次回の授業でテストがあります

# aller, venir (2), 命令形

> Leçon 7で aller, venir の活用を学習しました．この2つの動詞は助動詞的に使われることもあります．この課では，助動詞としての aller, venir の用法を見ておきましょう．さらに，命令文の作りかたも学びます．命令文を作るにはこれまでに学習した動詞の活用が必要になります．

## Ⅰ．助動詞 aller  39

aller を主語に合わせて活用させ，うしろに動詞の原形を持ってくると，次のような意味を表すことができます．

① ～しに行く                       Je **vais chercher** Marie à la gare.
② ～するつもりだ．～するだろう（**近接未来**）   Anne **va avoir** un bébé cet hiver.

この「aller + 動詞の原形」という形には2つの意味がありますが，どちらの意味になるかは文脈などで判断しなければなりません．

否定文を作るには，aller の部分だけを ne と pas ではさみます．

Je **ne** <u>vais</u> **pas** chercher Marie à la gare.

## Ⅱ．助動詞 venir  40

venirを主語に合わせて活用させ，うしろに動詞の原形を持ってくると，「～しに来る」という意味になります．

Paul **vient travailler** au Japon.

venirを主語に合わせて活用させ，うしろにde (d') を置いてから動詞の原形を持ってくると「～したところだ」「～したばかりだ」という意味になります．これを**近接過去**といいます．

Je **viens de dîner**. / Nous **venons d'écouter** ce CD.

否定文を作るには，venirの部分だけをneとpasではさみます．

Paul **ne** <u>vient</u> **pas** travailler au Japon.

---

**考えてみよう 1**

Leçon 1 で，否定文は動詞を ne (n') と pas ではさむと学習しましたね．しかし上で見た表現では aller, venir の部分しか ne と pas ではさむことができません．うしろにくる動詞の原形は ne と pas の外に置かれます．どうやら否定文の作りかたの規則を修正しなければならないようですね．あなたならどのように説明しますか．

---

## Ⅲ．命令文  41

動詞の現在形の活用から主語を取り除けば命令文になります．使用するのは tu, vous, nous の活用形です（これ以外の主語の活用形は使いません）．tu, vous の活用形から主語を取り除けば「～しなさい」，「～してください」という意味になりますが，nous の活用形から主語を取り除くと「～しましょう」という誘いの意味になります．英語の Let's ～ ですね．

~~Tu~~ écoutes ce CD.                    → **Ecoute** ce CD!
~~Tu~~ chantes une chanson française.    → **Chante** une chanson française!
~~Tu~~ ouvres la fenêtre.                → **Ouvre** la fenêtre!
~~Tu~~ vas en France.                    → **Va** en France!
~~Tu~~ viens à l'école.                  → **Viens** à l'école!
~~Tu~~ prends ce train.                  → **Prends** ce train!

~~Vous~~ écoutez ce CD. → **Ecoutez** ce CD!

~~Vous~~ venez à l'école. → **Venez** à l'école!

~~Nous~~ chantons une chanson française. → **Chantons** une chanson française!

~~Nous~~ prenons ce train. → **Prenons** ce train!

---

**考えてみよう 2**

1. 命令文の作りかたには 1 つだけ規則があります．tu の活用形から作る命令文をよく見てください．主語を取り除いた形とは少し違っているものと主語を取り除いただけの形のものがありますね．主語を取り除いた形とは少し違っているものはどのような規則で命令形を作っているでしょうか．各動詞の原形も思い出してみましょう．

2. tu の形の命令文と vous の形の命令文はどのように使い分けると思いますか．主語の意味の違いを参考にして考えてみましょう．

3. 否定命令（「〜するな」，「〜しないでください」，「〜しないでおきましょう」）はどのようにして作ればよいと思いますか．これまでに学習した否定文の作りかたを参考にして考えてみましょう．

---

avoir, être, savoir などは，例外的に命令形専用の形を持っています．動詞の活用形からは作りませんので注意しましょう．

| | avoir | être | savoir |
|---|---|---|---|
| tu の形 | aie | sois | sache |
| vous の形 | ayez | soyez | sachez |
| nous の形 | ayons | soyons | sachons |

Ayons du courage.
Sois sage.
Sachez la vérité.

tu と vous の活用形を使った命令文に s'il te plaît や s'il vous plaît という表現を付け加えるとより丁寧な依頼になります．英語の please にあたる表現ですが，これにも tu 用の形と vous 用の形があります．

Chante une chanson française, s'il te plaît.

Chantez une chanson française, s'il vous plaît.

---

**8 課のまとめ**

この課で学んだことをまとめておきましょう．学習内容をよく復習して空欄を埋めてください．

・「〜しに行く」「〜するつもりだ（近接未来）」という内容は，_____ ＋_____ という形で表す．

・「〜しに来る」という内容は，_____ ＋_____ という形で表し，「〜したばかりだ（近接過去）」という内容は _____ ＋ _____ ＋ _____ という形で表す.

・aller や venir が助動詞として用いられるとき，否定文にするには _____ を ne と pas ではさむ．

・フランス語の命令文は _____ , _____ , _____ の活用形から _____ を取り除いて作る．

・_____ 動詞の _____ の活用形から作る命令文では，動詞の語尾の _____ が消える．

**Exercice 1** 次のような意味になるように，（　）内に適当な語を補って文を完成させましょう.

1. 私の父は帰ってきたばかりです.
   (　　　　　) père (　　　　　) (　　　　　) rentrer.
2. ポールはこの春，日本に日本語を勉強しに来ます.
   Ce printemps, Paul (　　　　　) étudier le japonais (　　　　　) Japon.
3. 私はそれらの本を買ったところです.
   Je (　　　　) (　　　　) (　　　　) ces livres.
4. マリーは長野にスキーをしに行きます.
   Marie (　　　　) faire du ski (　　　　) Nagano.
5. どこで晩御飯を食べましょうか？
   On (　　　　) (　　　　) où ?
6. あなたたちは明日学校に行くつもりはないのですか？
   Vous (　　　　) (　　　　) (　　　　) aller à l'école demain ?
7. ピエールとジャックはテニスをしに来ないのですか？
   Pierre et Jacques (　　　　) (　　　　) (　　　　) faire du tennis ?
8. 僕は歌いには行かないよ. カラオケは好きじゃないんだ.
   Je (　　) (　　) (　　) (　　). Je (　　) aime (　　) le karaoké.

**Exercice 2** 次の表現を使って指示された形の命令文を作りましょう. 意味を考えて s'il te plaît や s'il vous plaît も使ってみましょう（使えない場合もあります）.　　→ Devoir 2

1. rentrer à la maison. （nous の形）

2. partir tout de suite. （vous の形）

3. faire la vaisselle. （tu の形）

4. acheter ce livre. （vous の形）

5. finir ce travail. （nous の形）

6. aller chercher le dictionnaire. （tu の形）

7. être gentil avec Jean. （tu の形）

8. ne pas entrer ici. （vous の形. ne, pas は正しい位置に）

**Devoir 1** 42  次のような意味になるように，（ ）内の単語を使って作文しましょう．

1. 私はこの夏，フランスへフランス語を勉強しに行きます． （cet été, le français）

2. 彼は今晩夕食を食べに来るの？（dîner, ce soir）

3. 私の姉は赤ちゃんを産んだばかりです．（avoir un bébé）

4. Pierre は今日の午後東京に着くでしょう．（arriver, cet après-midi）

5. Marie と Anne は踊りに来ないよ．彼女たちはダンスは好きじゃないんだ．（danser, danse）


**Devoir 2** 00  CD を聞いて，（ ）内の動詞を聞こえた形の命令形にしましょう．わからない単語は意味を調べ，文を訳してみましょう．

1. _____ l'histoire de France. （étudier）
2. _____ la fenêtre. （fermer）
3. _____ ce bus. （prendre）
4. _____ tes devoirs. （finir）
5. _____ peur. （ne pas avoir. ne, pas は正しい位置に）
6. _____ plus fort. （parler）
7. _____ bien. （dormir）
8. _____ du tennis. （faire）
9. _____ trop la télévision. （ne pas regarder. ne, pas は正しい位置に）
10. _____ la porte. （ouvrir）


**Devoir 3** 43  次回までに dire, voir の活用形 (p.87) の音とつづりを暗記してきましょう．辞書で意味を確認し，CD を何度も聞いてください．


次回の授業でテストがあります

# 複合過去形 (1)

> フランス語では過去のことを表す方法がいくつかあります．この課と次の課で学ぶ複合過去形，Leçon13 で学習する半過去形，大過去形などです．ここではまず，現在までに成立していることを表す複合過去形について学びましょう．

## Ⅰ．複合過去形 (avoir ＋過去分詞)  44

　過去の出来事や行為，経験などを表すには，複合過去形という形を用います．複合過去形の作りかたは次のように 2 種類あります．avoir を使うのか être を使うのかは動詞によって決まっています．être を使うものは少なく，ほとんどの動詞は avoir を使って複合過去形を作ります（→ Leçon 10）.

```
        複合過去形の形
① avoir の現在形 ＋ 過去分詞
または
② être の現在形 ＋ 過去分詞
```

ここではまず avoir を使った複合過去形を見ておきましょう．

J'ai parlé à Paul hier.

Vous avez travaillé aux Etats-Unis ?

Il a habité à Paris pendant 5 ans.

Nous avons dîné ensemble.

> **考えてみよう 1**
> 過去分詞に下線を引き，文の意味を考えてみましょう．

## Ⅱ．過去分詞

　avoir の活用はもう知っていますね（→Leçon 4）．あとは過去分詞の形さえわかれば複合過去形は簡単に作ることができます．-er 動詞の過去分詞は作りかたが決まっていますが，不規則動詞の過去分詞はやはり不規則です．

---

**考えてみよう 2**

**考えてみよう 1** で下線を引いた過去分詞をよく見てください．いずれも -er 動詞ですが，これらの動詞の過去分詞はどのようにして作られていますか．その方法を用いて，次の動詞の過去分詞を作ってみましょう．

-er 動詞の過去分詞の作りかた：

| | | |
|---|---|---|
| aimer → | acheter → | manger → |
| chanter → | regarder → | écouter → |

---

**考えてみよう 3**

　-er 動詞のほかにも，フランス語には不規則動詞があります．不規則動詞の過去分詞は辞書で調べ，1 つずつ覚えていかなければなりません．以下の動詞の意味と過去分詞を辞書で調べてみましょう．過去分詞はどのように調べればよいでしょうか．

| | | | |
|---|---|---|---|
| avoir → | apprendre → | finir → | faire → |
| voir → | être → | prendre → | ouvrir → |

---

## Ⅲ．複合過去形の否定形 45

複合過去形の否定形は次のようになります．

Je n'ai pas parlé à Paul hier.
Vous n'avez pas travaillé aux Etats-Unis ?
Il n'a pas habité en France.
Nous n'avons pas dîné ensemble.

営業時間

---

**考えてみよう 4**

Leçon 8 で修正した否定形の作りかた ( → p.32 **考えてみよう 1** )
を参考にして複合過去形の否定形の作りかたをまとめておきましょ
う．

---

**考えてみよう 5** 46

下線部の表現に注意して，次の文を訳してみましょう．

1. J'ai appris cette nouvelle <u>hier</u>.

2. Vous avez <u>déjà</u> déménagé ?

3. Il <u>n'a pas encore</u> fini ses devoirs.

4. Mes parents <u>n'ont jamais</u> visité Lyon.

5. Je <u>n'ai rien</u> entendu.

パサージュ

---

9 課のまとめ

この課で学んだことをまとめておきましょう．学習内容をよく復習して空欄を埋めてください．
・複合過去形は過去の＿＿＿＿＿・＿＿＿＿＿・＿＿＿＿＿などを表すときに使う．
・複合過去形の形は ＿＿＿＿ 種類．
　① ＿＿＿＿＿＿＿＿ ＋＿＿＿＿＿＿＿＿
　② ＿＿＿＿＿＿＿＿ ＋＿＿＿＿＿＿＿＿
・-er 動詞の過去分詞の作りかたは ＿＿＿＿＿＿＿＿＿＿＿＿＿＿＿＿＿＿＿＿ ．
・不規則動詞の過去分詞は ＿＿＿＿＿＿＿＿ なので，辞書で調べる．
・複合過去形の否定形は ＿＿＿＿＿＿＿＿ を ne と pas ではさむ．

→ Devoir 1

**Exercice 1** avoir を使って次の動詞を複合過去形にし，文の意味を考えてみましょう．

1. J'_____ _____ une robe rouge.（acheter）

2. Tu _____ _____ un sandwich ?（manger）

3. Pierre et Marie _____ _____ la télévision ensemble.（regarder）

4. Sophie _____ _____ une chanson française.（chanter）

5. Est-ce que vous _____ _____ à vos parents?（téléphoner）

→ Devoir 2

**Exercice 2** avoir を使って次の動詞を複合過去形にし，文の意味を考えてみましょう．

1. Ce matin, tu _____ _____ du tennis?（faire）

2. J'_____ _____ mon travail.（finir）

3. Est-ce que vous _____ _____ ce film?（voir）

4. Nous _____ _____ du vin blanc au restaurant.（prendre）

5. Il _____ _____ un accident hier soir.（avoir）

→ Devoir 3

**Exercice 3** avoir を使って複合過去形の文に書きかえましょう．

1. Je n'écoute pas la radio.

2. Ses parents ne dansent pas ensemble.

3. Il ne finit pas ses devoirs.

4. Ma mère ne fait pas la cuisine.

5. Vous ne dormez pas ?

**Devoir 1** `47` （ ）の語を用いて，avoir を使った複合過去形の文を作りましょう.

1. 私たちは一緒に歌いました. (chanter, ensemble)

2. 彼女はフランスに住んだことがありますか？ (habiter, France)

3. このCDを聞きましたか？ (écouter, CD)

4. 彼らは金沢に引越したのですか？ (déménager)


**Devoir 2** `00` （  ）の語句を用いて，avoir を使った複合過去形の文を作りましょう.

1. あなたは日本でフランス語を勉強したのですか？ (apprendre le français)

2. 私は京都で買い物をしました. (faire des courses)

3. 私たちは学校で Françoise に会いましたよ. (voir, école)

4. 彼はパリにお店を開きました. (ouvrir une boutique)


**Devoir 3** `48` （  ）の語句を用いて，avoir を使った複合過去形の文を作りましょう.

1. 昨日，あの赤いスカートを買わなかったのですか？ (hier, acheter, jupe)

2. 私の父はまだ食事をしていません. (père, manger, pas encore)

3. 彼は一度もカフェオレを飲んだことがない. (boire, jamais, café au lait)

4. 私たちはもう晩御飯を食べました. (dîner, déjà)


**Devoir 4** `00` 次回までに pouvoir, vouloir の活用形 (p.87) の音とつづりを暗記してきましょう. 辞書で意味を確認し，CD を何度も聞いてください.


次回の授業でテストがあります

# Leçon 10

# 複合過去形 (2)

> Leçon 9 では avoir を用いる複合過去形を見ましたが，この課では être を用いる場合を学習します． être を用いる複合過去形には大きな特徴があります． Leçon 4 や Leçon 5 で学習した内容も関係してきますので，よく復習しておきましょう．

## Ⅰ．複合過去形 (être ＋過去分詞)  49

　過去の出来事や行為，経験などは，複合過去形を使って表します．複合過去形の作り方は 2 種類ありましたね． avoir を使うのか être を使うのかは動詞によって決まっています．

> **複合過去形の形**
> ① avoir の現在形 ＋ 過去分詞
> または
> ② être の現在形 ＋ 過去分詞

　être の活用はもう知っていますね（→Leçon 4）．ここでは être を使った複合過去形の例を見てみましょう．

**Il** est allé à Osaka. / **Elle** est allée à Osaka.

**Pierre** est arrivé au Japon. / **Marie** est arrivée au Japon.

**Ils** sont restés à la maison. / **Elles** sont restées à la maison.

### 考えてみよう 1

　例文をよく見てください．同じ動詞でも左の例文と右の例文とでは過去分詞の形が少し違っていますね． être を使う複合過去形にはいったい何が起こっているのでしょうか． Leçon 4, 5 で学習した être の性質を参考にして考えてみましょう．

## Ⅱ．être を使って複合過去形を作る動詞

　フランス語のほとんどの動詞は Leçon 9 で見たように avoir を使って複合過去形にします． être を使うものは非常に少なく例外的です． être を使って複合過去形を作る動詞の主なものは以下のとおりです． être を使うこれらの動詞をしっかり覚えてしまいましょう．

| être を使って複合過去形を作る動詞 | | | |
|---|---|---|---|
| aller | venir | partir | arriver |
| sortir | entrer | rentrer | rester |
| monter | descendre | naître | mourir　など |

### 考えてみよう 2

1. Leçon 9 で学習した過去分詞の作りかたを思い出して，上の動詞の過去分詞を作りましょう．意味のわからない語は意味も調べておきましょう．

2. avoir を使えばよいのか être を使えばよいのかわからない時には，辞書を見て調べることもできます．どのように辞書を見ればよいか，確認しましょう．

## Ⅲ．複合過去形の否定形  50

être を用いる複合過去形の場合にも否定形は次のようになります．

Il n'est pas allé à Osaka. ／ Elle n'est pas allée à Osaka.

Ils ne sont pas restés à la maison. ／ Elles ne sont pas restées à la maison.

考えてみよう 3

Leçon 8（→ p.32 考えてみよう 1 ）やLeçon 9（→p.37 考えてみよう 4 ）を参考にして複合過去形の否定形の作りかたをまとめておきましょう．

ルーアン

アルプス

アヌシー

ル・ピュイ

ワイン作りのぶどう

サンテミリオン

地方の風景

10 課のまとめ

この課で学んだことをまとめておきましょう．学習内容をよく復習して空欄を埋めてください．

・être を使って複合過去形を作るときには，過去分詞は＿＿＿＿＿＿と＿＿＿＿＿・＿＿＿＿＿一致させなければならない．

・ほとんどの動詞は＿＿＿＿＿＿を使って複合過去形を作る．＿＿＿＿＿＿を使うものは例外的．

・否定形は＿＿＿＿＿＿を ne と pas ではさむ．

**Exercice 1** être を使って次の動詞を複合過去形にし，文の意味を考えてみましょう．過去分詞の形に気をつけてください． → Devoir 1

1. En France, elle ＿＿＿＿＿ ＿＿＿＿＿ à la Tour Eiffel. (monter)

2. Je ＿＿＿＿＿ ＿＿＿＿＿ par l'escalier. (descendre)

3. Ils ＿＿＿＿＿ ＿＿＿＿＿ dans un café. (entrer)

4. Pierre ＿＿＿＿＿ ＿＿＿＿＿ *tout à l'heure. (sortir)  *tout à l'heure：さっき

5. Elisa ＿＿＿＿＿ ＿＿＿＿＿ pour la Chine ce matin. (partir)

6. La sœur de Marie ＿＿＿＿＿ ＿＿＿＿＿ en 1990. (naître)


**Exercice 2** être を使って複合過去形の文に書きかえ，文の意味を考えてみましょう．過去分詞の形に気をつけてください． → Devoir 2

1. Mon père ne rentre pas à la maison.

2. Elle ne va pas à l'école aujourd'hui.

3. Il ne vient pas dîner ce soir?

4. Sophie n'arrive pas *à l'heure au bureau.  * arriver à l'heure：時間どおりに着く

5. Cet été, vous ne restez pas au Japon? （過去分詞の形は4つ考えられます）


**Exercice 3** avoir または être を使って次の動詞を複合過去形にし，文の意味を考えてみましょう． → Devoir 3

1. Ma grand-mère ＿＿＿＿＿ ＿＿＿＿＿ l'année dernière. (mourir)

2. Elles ＿＿＿＿＿ déjà ＿＿＿＿＿ à la maison? (rentrer)

3. Vous ＿＿＿＿＿ ＿＿＿＿＿ à Catherine? (téléphoner)

4. J' ＿＿＿＿＿ ＿＿＿＿＿ un film américain. (voir)

5. Le film ＿＿＿＿＿ ＿＿＿＿＿ à 6 heures. (commencer)

**Devoir 1** 51 （　）の語句を用いて，être を使った複合過去形の文を作りましょう．過去分詞の形に気をつけてください．

1. 日曜日，映画に行きました．(dimanche, aller, cinéma)

2. 彼らは土曜日に日本に到着しました．(samedi, arriver, Japon)

3. 今朝，私の妹が産まれました．(ce matin, petite sœur, naître)

4. 昨日の夜，君は家にいた？ (hier soir, rester, maison)


**Devoir 2** 00 （　）の語句を用いて，être を使った複合過去形の文を作りましょう．過去分詞の形に気をつけてください．

1. 彼女は駅に行かなかったの？ (aller, gare)

2. あなたの両親はまだパリに到着していないのですか？ (arriver, pas encore)

3. 昨日の夜，彼女たちは家にいなかったのですか？ (hier soir, rester, maison)

4. 君たちは一度も日本に来たことがないの？ (venir, Japon, jamais)


**Devoir 3** 52 （　）内の語句を用いて，複合過去形の文を作りましょう．avoir を使うのか être を使うのかよく考えてください．

1. 彼女はもう出発しましたか？ (partir, déjà)

2. 私は家でココアを飲みました．(prendre, chocolat, à la maison)

3. 去年，私たちは北海道でスキーをしました．(l'année dernière, faire du ski)

4. 先週，Jean の両親が日本に着きました．(la semaine dernière, parents, arriver)


**Devoir 4** 00 次回までに devoir の活用形 (p.87) の音とつづりを暗記してきましょう．辞書で意味を確認し，CD を何度も聞いてください．


次回の授業でテストがあります

# Leçon 11

# 目的語代名詞，強勢形代名詞

> フランス語は同じ単語の繰り返しを嫌う言語です．ですから話の流れの中ですでに話題になっていることは代名詞を使って単語の繰り返しを避けます．主語代名詞はすでに学習していますが（→ Leçon 0, 1），ここでは直接・間接目的語代名詞と強勢形代名詞を学習しましょう．

## Ⅰ．直接目的語，間接目的語

　目的語というのは動詞のあとに置かれ，主語とイコールの関係にない名詞のことです（主語とイコールの関係にあるのは属詞でしたね → Leçon 4, 5）．フランス語には直接目的語と間接目的語という2つの目的語があります．たとえば Je donne ce livre à Marie「私はこの本をマリーにあげる」という場合，ce livre が直接目的語，à Marie が間接目的語にあたります．直接目的語は動詞のあとに「直接」置かれている名詞で，間接目的語は à などの前置詞を用いて「間接的に」動詞とつながっている名詞です（ただし，時や場所の表現は直接目的語でも間接目的語でもありませ

## Ⅱ．直接・間接目的語代名詞　53

　フランス語は同じ単語を繰り返し使用することを嫌う傾向があります．もうすでに話題になってわかっているものを文の中で直接目的語や間接目的語として用いる場合には，直接・間接目的語代名詞を使うことで単語の繰り返しを避けることができます．直接・間接目的語代名詞の形は以下のとおりです．間接目的語代名詞で置きかえることができるのは多くの場合「à +人」です．

|  | 直接目的語代名詞 | 間接目的語代名詞 |
|---|---|---|
| 私 | me ( m' ) | |
| 君 | te ( t' ) | |
| 男性単数名詞（彼・それ）<br>女性単数名詞（彼女・それ） | le ( l' )<br>la ( l' ) | lui |
| 私たち | nous | |
| あなた・あなたたち | vous | |
| 男性・女性複数名詞<br>（彼ら・彼女ら・それら） | les | leur |

　フランス語の目的語代名詞の大きな特徴は置かれる位置です．フランス語では**代名詞は動詞の前**に置かれます．

Je donne **ce livre** à Marie. → Je **le** donne à Marie.
Jacques cherche **la clé**. → Jacques **la** cherche.
Je **t'**aime. / Je **l'**aime. / Je **vous** aime. / Je **les** aime.

Je donne ce livre **à Marie**. → Je **lui** donne ce livre.
Je téléphone **à Sophie et Jean**. → Je **leur** téléphone.
Ma mère **me** fait un gâteau.

> **考えてみよう 1**
>
> 　3人称の直接目的語代名詞の形は何と同じですか．また，直接・間接目的語代名詞の表の中で，（　）内の形になるのはどのようなときでしょうか．これまでに学習したことを参考にして考えてみましょう．

　否定文であっても動詞が複合過去形になっても，目的語代名詞は必ず動詞の前にきます．

Je ne **le** donne pas à Marie.
Je **l'**ai donné à Marie. / Je ne **l'**ai pas donné à Marie.

例外的に，肯定命令文の場合のみ，目的語代名詞は動詞のうしろに置かれます（動詞と代名詞はハイフンで結ぶ）．否定命令文では通常の位置（動詞の前）です．

Mange **cette pomme**.　　　→ Mange-**la**.（Ne **la** mange pas.）

Donnez ce livre **à Patrice et Christine**.

　　　　　　　　　　→ Donnez-**leur** ce livre. (Ne **leur** donnez pas ce livre.)

Chantons **ces chansons**.　　→ Chantons-**les**. (Ne **les** chantons pas.)

---

**考えてみよう 2**

代名詞が me, te の場合にはもうひとつ気をつけなければならないことがあります．例文を見て，肯定命令文の中で me や te が用いられる場合の規則をまとめておきましょう．

Vous **me** téléphonez ce soir.　→ Téléphonez-**moi** ce soir. (Ne **me** télépnonez pas ce soir.)

Tu **te** regardes dans la glace.　→ Regarde-**toi** dans la glace. (Ne **te** regarde pas dans la glace.)

---

## Ⅲ．強勢形代名詞　[54]

**考えてみよう 2** で見た moi や toi は強勢形代名詞といい，その形は以下のとおりです．

| 私 | 君 | 彼 | 彼女 | 私たち | あなた・あなたたち | 彼ら | 彼女ら |
|---|---|---|---|---|---|---|---|
| moi | toi | lui | elle | nous | vous | eux | elles |

強勢形代名詞は，命令文の中で使われる以外に，以下のように主語でも目的語でもない位置で使われる代名詞です．

1. être のあと（属詞）で．　　　　C'est **Sophie**. → C'est **elle**.
2. 主語や文中の名詞の強調として．　**Moi**, j'habite à Paris.
3. 動詞を省略した文の中で．　　　Ah, vous venez de Paris ! **Moi** aussi !
4. 前置詞や比較の que のあとで．　Je vais chez **Anne et Pierre**. → Je vais chez **eux**.
　　　　　　　　　　　　　　　Marie est plus grande que **toi**.
5. et や ou でつなぐとき．　　　　**Lui** et **toi**, vous pouvez rentrer.

---

11 課のまとめ

この課で学んだことをまとめておきましょう．学習内容をよく復習して空欄を埋めてください．

・目的語には ＿＿＿＿＿ 目的語と ＿＿＿＿＿ 目的語の2種類がある．

・フランス語の目的語代名詞は ＿＿＿＿＿＿＿＿ に置かれる．

・否定文で目的語代名詞が用いられるときの語順：ne ＿＿＿＿＿ ＿＿＿＿＿ pas

・肯定命令文で目的語代名詞が用いられるときの語順：動詞 ＿＿＿＿＿＿＿＿＿＿

・肯定命令文の中で me や te は ＿＿＿＿ , ＿＿＿＿ になる．

・強勢形代名詞は①動詞 ＿＿＿＿ のあと，②主語などの強調，③動詞を省略した文，④ ＿＿＿＿ や
　比較の ＿＿＿＿ のあと，⑤ ＿＿＿＿ や ＿＿＿＿ でつなぐとき，などで使われる代名詞である．

**Exercice 1**　次の文の中で，直接目的語に下線を，間接目的語に波線を引きましょう．

1.　Nous écoutons ces CD ce soir.

2.　Tu téléphones souvent à tes parents ?

3.　Vous mangez cette orange ?

4.　Je n'achète pas ce pull. Mais j'achète cette robe.

5.　Prenons ce train.

6.　Il a fini son travail à minuit.

7.　Tu donnes ce beau cadeau à ta petite amie ?

8.　Je présente mon petit ami à mes parents.

**Exercice 2**　　**Exercice 1**　の下線，波線部分を代名詞にして文を書きかえましょう．7と8は文が2種類できます．
→ Devoir 1. 2

1.

2.

3.

4.

5.

6.

7.　(1)

　　(2)

8.　(1)

　　(2)

**Exercice 3**　（　）内の意味になるように強勢形代名詞を補って，文を完成させましょう．
→ Devoir 3

1.　Tu viens avec (　　　　). （彼）

2.　(　　　　　　　), elles sont japonaises. Et (　　　　　　)? （彼女ら，彼ら）

3.　Ecoutez-(　　　　　) bien, s'il vous plaît. （私）

4.　Elle chante mieux que (　　　　　)? （あなた）

5.　Nous les invitons chez (　　　　) ce soir. （私たち）

6.　(　　　　　) et (　　　　　), vous êtes amis? （彼女，君）

**Devoir 1** `55` 適当な目的語代名詞を使って，肯定と否定で答えましょう.

1. Vous prenez cet avion?

2. Il connaît ta sœur?

3. Tu *écris souvent à tes amis?　　*écris : écrire「(手紙を) 書く」

4. Vous avez vu Monsieur Tanaka aujourd'hui?

5. Elle a téléphoné à sa mère ce matin?


**Devoir 2** `00` CD を聞いて，下線部に聞こえた目的語代名詞を入れましょう. わからない単語は意味を調べ，文を訳しましょう.

1. Montrez- _____ votre passeport, s'il vous plaît.

2. Elle _____ invite ce soir.

3. Je _____ présente mon père.

4. Pierre, tu _____ écoutes?

5. Hier, je _____ ai vu devant le cinéma.


**Devoir 3** `56` CD を聞いて、下線部に聞こえた強勢形代名詞を入れましょう. わからない単語は意味を調べ，文を訳しましょう.

1. C'est _____ , Anne?  Oui, c'est _____ .

2. Vous allez au cinéma avec _____ ?

3. Tu connais Pierre, _____ ?

4. _____ , elle chante bien?  Oui, mais Paul chante mieux qu' _____ .

5. Ils viennent chez _____ demain?


**Devoir 4** `00` 次回までに appeler, lever の活用形 (p.87) の音とつづりを暗記してきましょう. 辞書で意味を確認し，CD を何度も聞いてください.


次回の授業でテストがあります

# Leçon 12　代名動詞

フランス語には代名動詞というものがあります．代名動詞の「代名」は代名詞のことで，代名詞と動詞がひとつになったものを代名動詞と呼びます．この課では代名動詞の活用と用法を学習しましょう．

## Ⅰ．代名動詞

　Leçon 11で目的語代名詞を学習しました．たとえば Je couche mon bébé「私は赤ん坊を寝かせる（coucher：寝かせる）」は mon bébé を代名詞に変えて Je le couche「私は彼を寝かせる」と言うことができます．同じ動詞を使って「私は自分を寝かせる」つまり「私は寝る」と言うこともできます．「私」が「私」を寝かせるのですから，Je me couche となります．

　このように，主語と同一人物（または物）を示す代名詞を伴う動詞のことを**代名動詞**といいます．代名動詞の原形は se という自分自身を表す代名詞を添えて，「se 動詞」という形（たとえば上の動詞は se coucher）になります．

> **考えてみよう 1**
> 代名動詞を辞書で調べるには，se のあとにくる動詞の原形で引きます．上の se coucher を辞書で引いてみましょう．

## Ⅱ．代名動詞の活用　57

　代名動詞に含まれる se は主語と同一人物（または物）を表しているわけですから，主語によって次のように形がかわります．

| se の変化 | | | |
|---|---|---|---|
| je | **me (m')** + 動詞 | nous | **nous** + 動詞 |
| tu | **te (t')** + 動詞 | vous | **vous** + 動詞 |
| il | **se (s')** + 動詞 | ils | **se (s')** + 動詞 |
| elle | **se (s')** + 動詞 | elles | **se (s')** + 動詞 |

> **考えてみよう 2**
> me, te, se が（　）の形になるのはどういう場合でしょうか．これまでに学習したことを参考にして考えてみましょう．

　主語が je, tu, nous, vous のときには，Leçon 11 で学習した目的語代名詞をそのまま使いますが，il, elle, ils, elles のときには，se という代名詞を使います．

　se のあとにくる動詞ももちろん主語に合わせて活用します（-er 動詞または不規則動詞）．

se coucher（自分自身を寝かせる=寝る）

| je | **me** couche | nous | **nous** couch**ons** |
|---|---|---|---|
| tu | **te** couch**es** | vous | **vous** couch**ez** |
| il | **se** couche | ils | **se** couch**ent** |

s'appeler（自分自身を呼ぶ=～という名前である）

| je | **m'**appelle | nous | **nous** appel**ons** |
|---|---|---|---|
| tu | **t'**appell**es** | vous | **vous** appel**ez** |
| il | **s'**appelle | ils | **s'**appell**ent** |
| elle | **s'**appelle | elles | **s'**appell**ent** |

Elle se couche à 11 heures.　　　　　Je m'appelle Sophie.

> **考えてみよう 3**
> 代名動詞の否定形はどのように作ればよいでしょうか．se は代名詞です．代名詞が用いられる場合の否定形の作りかたを思い出しましょう．

## Ⅲ．代名動詞の用法　58

代名動詞の主な用法は次の2つです．

① 「自分（たち）自身を（に）～する」

| | |
|---|---|
| Sophie se couche. | ソフィーは自分自身を寝かせる． → ソフィーは寝る． |
| Je m'appelle Jacques. | 私は自分自身をジャックと呼ぶ． → 私の名前はジャックです． |

② 「お互いに～しあう」（主語が複数の場合のみ）

| | |
|---|---|
| Elles se téléphonent souvent. | 彼女たちはお互いによく電話しあっている． |
| Ils s'aiment. | 彼らは愛しあっている． |

　その他，主語が無生物のときには受け身的な意味を表したり(1)，一般に代名動詞としての形でしか用いられない動詞 (2) もあります．

| | |
|---|---|
| 1.　Cette langue se parle encore. | この言語はまだ話されている． |
| 2.　Je *me souviens de mon enfance. | 私は子供時代のことを思い出す． |

*se souvenir de~：～を思い出す

## Ⅳ．代名動詞の複合過去形　59

　代名動詞は**必ず être を使って**複合過去形を作ります．過去分詞は se のあとにくる動詞の過去分詞を用います．また，se は代名詞ですから動詞の前に置かれ，**se ＋ être ＋ 過去分詞**という語順になります．être を使う場合には過去分詞の性・数一致に注意しなければなりませんでしたね（→Leçon 10）．

se coucher の複合過去形

| je | me suis couché(**e**) | nous | nous sommes couché(**e**)**s** |
|---|---|---|---|
| tu | t'es couché(**e**) | vous | vous êtes couché(**e**)(**s**) |
| il | s'est couché | ils | se sont couché**s** |
| elle | s'est couché**e** | elles | se sont couché**es** |

se lever の複合過去形
（自分で活用させてみよう）

| | |
|---|---|
| je | |
| tu | |
| il | |
| elle | |
| nous | |
| vous | |
| ils | |
| elles | |

Ils se sont couchés à 11 heures.

(Ils **ne** se sont **pas** couchés à 11 heures.)

Je me suis levé(e) à 6 heures.

(Je **ne** me suis **pas** levé(e) à 6 heures.)

**考えてみよう4**

　上の例文を見て，代名動詞の複合過去形の否定文の作りかたを確認しておきましょう．

---

12 課のまとめ

この課で学んだことをまとめておきましょう．学習内容をよく復習して空欄を埋めてください．

・代名動詞の原形は ＿＿＿＿＿＿ ＋ 動詞という形で，＿＿＿＿＿＿ は主語と同一人物（物）であることを表す代名詞である．

・代名動詞は ＿＿＿ の部分も主語に合わせて変化する．

・代名動詞の否定形の語順：ne ＿＿＿＿＿ ＿＿＿＿＿ ＿＿＿＿＿

・代名動詞の複合過去形の語順：＿＿＿＿＿ ＿＿＿＿＿ ＋ 過去分詞

**Exercice 1**　次の代名動詞の意味を調べ，現在形で活用させてみましょう.　　　→ Devoir 1

　　se lever（意味：　　　　　　　　　　）　　　　　s'aimer（意味：　　　　　　　　　）

**Exercice 2**　文の意味を考えたあと，（　）内の主語にかえて，肯定文と否定文を作りましょう.
→ Devoir 2

1. Tu te caches sous la table?（elles）
   文の意味：
   肯定文：
   否定文：

2. Nous nous promenons tous les jours.（vous）
   文の意味：
   肯定文：
   否定文：

3. Il s'appelle Louis.（je）
   文の意味：
   肯定文：
   否定文：

4. Vous vous téléphonez souvent?（ils）
   文の意味：
   肯定文：
   否定文：

5. Marie se moque de Claude.（tu）
   文の意味：
   肯定文：
   否定文：

**Exercice 3**　次の文を複合過去形にしましょう.　　　　　→ Devoir 3

1. Ils s'aiment.

2. Sophie se lève tôt aujourd'hui.

3. Il ne se regarde jamais dans un miroir.

4. Vous vous couchez tard?（4種類考えられます）

5. Elle se marie avec un médecin.

**Devoir 1**  次の文に含まれる代名動詞の原形を書き，全文を訳しましょう.

1. Daniel s'amuse avec ses camarades.
   原形：          訳：
2. Nous nous lavons sous la douche.
   原形：          訳：
3. Tu t'appelles Elisa ?
   原形：          訳：
4. Il se réveille à 8 heures.
   原形：          訳：
5. Elle se fait une jupe.
   原形：          訳：

**Devoir 2** 60  CD を聞いて下線部を埋め，文の意味を考えましょう.

1. Ta fille _____ comment?

2. Ils _____ plus.

3. Vous _____ toujours?

4. Mon fils _____ jamais avant midi.

5. Tu _____ souviens _____ de Marie?

**Devoir 3** 00  CD を聞いて下線部を埋め，文の意味を考えましょう.

1. Hier, je _____ à minuit.

2. Vous _____ tôt ce matin, Madame?

3. Ce week-end, nous _____ dans Paris.

4. Ils _____ l'année dernière.

5. Ce matin, vous _____ dans un miroir?

**Devoir 4** 61  次回までに se voir の現在形の活用形 (p.87) の音とつづりを暗記してきましょう. 辞書で意味を確認し，CD を何度も聞いてください. さらに自分で se voir の複合過去形を作り，覚えてきましょう.

次回の授業でテストがあります

# Leçon 13　半過去形，大過去形

Leçon 9, 10では複合過去形を学習しました．フランス語には他にも半過去形，大過去形という過去形があります．複合過去形が過去の出来事や行為などを表すのに対して，半過去形は過去の状態や習慣を表します．また，大過去形は過去のある時点までにすでに完了していることを表します．

## Ⅰ．半過去形　62

半過去形は過去の状態や状況，習慣的行為を表すために用います．半過去形の活用語尾はすべての動詞に共通です．語幹（活用形の頭の部分）はこれまでに学習した現在形を使って作ります．

**半過去形の作りかた**
それぞれの動詞の**現在形 nous** の活用から語尾の ons を取り除いた部分
＋

| je (j') | -ais | nous | -ions |
|---|---|---|---|
| tu | -ais | vous | -iez |
| il | -ait | ils | -aient |
| elle | -ait | elles | -aient |

### parler (nous parl~~ons~~)

| je | parlais | nous | parlions |
|---|---|---|---|
| tu | parlais | vous | parliez |
| il | parlait | ils | parlaient |
| elle | parlait | elles | parlaient |

### écouter (nous écout~~ons~~)

| j' | écoutais | nous | écoutions |
|---|---|---|---|
| tu | écoutais | vous | écoutiez |
| il | écoutait | ils | écoutaient |
| elle | écoutait | elles | écoutaient |

### faire (nous fais~~ons~~)

| je | faisais | nous | faisions |
|---|---|---|---|
| tu | faisais | vous | faisiez |
| il | faisait | ils | faisaient |
| elle | faisait | elles | faisaient |

### 考えてみよう 1

半過去形を作るとき，être だけは例外で，独自に半過去形用の語幹（ét）を持っています．être の半過去形を作ってみましょう．また，もうひとつの重要動詞 avoir の半過去形も書きましょう．

**être の半過去形**　　　　　　　　　　　　**avoir の半過去形**

(1) Quand je suis rentré à la maison, ma mère faisait la cuisine.
　　Quand elle est rentrée à la maison, elle avait mal à la tête.
　　L'année dernière, elle était lycéenne.

(2) Avant, nous allions souvent à la mer.
　　Il écoutait très souvent cette chanson.
　　Quand j'étais enfant, je me couchais à 8 heures.

### 考えてみよう 2

1. 上の例 (1) (2) の意味を調べてみましょう．半過去形が過去の状態・状況を表しているのはどれですか．過去の習慣的行為を表しているのはどれですか．
2. 半過去形の否定形はどのように作ればよいでしょうか．もう簡単ですね．

## Ⅱ．大過去形 63

　過去のある時点を基準にすでに完了していることを表します．たとえば「私が駅に到着したとき，電車はすでに出発していた」とフランス語で言うとき，「電車はすでに出発していた」という部分は大過去形を使って表すことになります（「私が駅に到着したとき」の部分は複合過去形）．

　大過去形の作りかたは複合過去形の作りかたに似ています．avoir を使うのか être を使うのかはやはり動詞によって決まっています．どちらを使うかは複合過去形の場合と同じです（→ Leçon 9, 10）．また，être を使うときには，過去分詞の性・数の一致が起こります．

| 大過去形の形 |
| --- |
| avoir の半過去形 ＋ 過去分詞 |
| または |
| être の半過去形 ＋ 過去分詞 |

Quand je suis arrivé à la gare, le train était déjà parti.
Quand il est rentré à la maison, ses parents étaient sortis.
Hier, Marie avait fini ses devoirs.

**考えてみよう 3**

　大過去形の否定形はどのように作ればよいでしょうか．複合過去形の否定形の作りかたを参考にして考えてみましょう．

昼のエッフェル塔　　　　　　　　　　　　　　夜のエッフェル塔

**13 課のまとめ**
この課で学んだことをまとめておきましょう．学習内容をよく復習して空欄を埋めてください．
- 半過去形は過去の ＿＿＿＿＿＿・＿＿＿＿＿＿・＿＿＿＿＿＿ などを表すときに使う．
- 半過去形の ＿＿＿＿＿＿ は全動詞に共通で，語幹には現在形 ＿＿＿＿ の活用から ＿＿＿＿＿ を取り除いた部分を使う．ただし，être は半過去形専用の語幹 ＿＿＿＿＿ を持つ．
- 大過去形は過去のある時点に ＿＿＿＿＿＿＿＿ ことを表す．
- 大過去形の形は ＿＿＿＿ 種類．
  - ① ＿＿＿＿＿＿＿ ＋ ＿＿＿＿＿＿＿
  - ② ＿＿＿＿＿＿＿ ＋ ＿＿＿＿＿＿＿
- 大過去形の否定形は ＿＿＿＿＿＿ または ＿＿＿＿＿＿ を ne と pas ではさむ．

Exercice 1 | 次の動詞を半過去形に活用させましょう．否定形も作ってください．

habiter　　　　　　　venir　　　　　　　se promener


Exercice 2 | 次のような内容のことをフランス語で言おうとするとき，半過去形を使うのは何番の場合でしょうか．また選んだ番号の文をフランス語になおしてみましょう．
→ Devoir 1

1. 以前 (avant) 彼女はフランスに住んでいた．
2. 彼女はフランスに住んだことがある．
3. 2000 年 (en 2000)，彼は 20 歳 (20 ans) だった．
4. おととい (avant-hier) 彼は 20 歳になった．
5. 昨日 (hier) は天気が良かった (il fait beau)．
6. 弟が生まれたとき，私は 3 歳だった．
7. 友達とレストランで晩ごはんを食べた．
8. 昔 (autrefois) よくテニスをした (faire du tennis) なあ．
9. その黒いカバンを見つけた (trouver) とき，公園で (dans un jardin) 散歩していた．
10. 私は 3 年前 (il y a 3 ans) 日本を訪れた．

Exercice 3 | 次の動詞を大過去形に活用させましょう．否定形も作ってください．

faire　　　　　　　　　　arriver


Exercice 4 | 次のような内容のことをフランス語で言おうとするとき，下線部のうち大過去形を使うのはどれでしょうか．
→ Devoir 2

1. 彼女たちが駅に<u>着いた</u>とき，彼女たちの友人らはすでに<u>出発していた</u>．
2. 昨日の夕方には私の弟は宿題を<u>終えていた</u>．　昨日の夕方：hier soir，宿題を終える：finir ses devoirs
3. 昨日の夕方，私の弟は宿題を<u>していた</u>．　宿題をする：faire ses devoirs
4. リカはフランスに<u>行かなかった</u>よと彼は<u>言った</u>．　〜と言う：dire que〜
5. 昨日あなたに<u>電話した</u>とき，<u>出かけていた</u>の？

**Devoir 1** 64 日本語文の内容に合うように，（　）内の動詞を半過去形または複合過去形に活用させましょう．また正しい文が書けたかどうか，CDを聞いて確かめましょう．

1. 高校生の頃，よく映画に行ったなあ．

   Quand j' _____ (être) lycéen, j' _____ (aller) souvent au cinéma.

2. 彼女は疲れていたので，9時に寝た．

   Comme elle _____ (être) fatiguée, elle _____ (se coucher)
   à 9 heures.

3. 私はコンピューターで仕事をしていた．すると突然動かなくなった（フリーズした）．

   Je _____ (travailler) sur mon ordinateur. Tout d'un coup, il _____
   _____ (se bloquer).

4. アンヌが家に戻ったとき，子供たちは眠っていた．

   Quand Anne _____ (rentrer) à la maison, ses enfants _____
   (dormir).

5. 天気が良かったので，私たちは海まで散歩をした．

   Comme il _____ (faire) beau, nous _____ (faire) une
   promenade jusqu'à la mer.

**Devoir 2** 00 | Exercice 4 | で大過去形を含む文をフランス語になおしてみましょう．正しい文が書
け

**Devoir 3** 65 次回までに attendre の現在形の活用形 (p.87) の音とつづりを暗記してきましょう。辞書で意味を確認し、CDを何度も聞いてください．さらに自分で attendre の半過去形を作り，覚えてきましょう．

次回の授業でテストがあります

# 疑問詞を用いた疑問文

> フランス語の疑問文には3つの形がありましたね（→Leçon 2）．疑問文には「どこ」「いつ」「何」などの疑問詞を用いる場合もあります．ここでは疑問詞を用いる疑問文の形を学習しましょう．

## Ⅰ．疑問詞を用いた疑問文の形 66

　フランス語には 3 つの疑問文の形がありました（→ Leçon 2）．これまでに見てきた疑問文はすべて oui, non（または si, non）で答えるタイプのものでした．

**考えてみよう**

フランス語の疑問文の3つの作りかたをまとめておきましょう．

1.
2.
3.

　しかし疑問文には，où「どこ」，quand「いつ」，comment「どのように」などの疑問詞を用いる場合もあります．疑問詞を用いる際の疑問文の作りかたは以下のとおりです．これまでに学習した疑問文の作りかたの応用ですね．疑問詞の位置に注意しましょう．

| | |
|---|---|
| 1. 疑問詞を文末に置く：主語＋動詞（＋ …）＋ **疑問詞** | Vous habitez **où**? |
| 2. **疑問詞** ＋ est-ce que を使う疑問文 | **Où** est-ce que vous habitez? |
| 3. **疑問詞** ＋ 倒置疑問文 | **Où** habitez-vous? |

## Ⅱ．疑問代名詞 00

　「誰」「何」をたずねる疑問詞は，文のどの要素に当たるものをたずねるのか（主語（誰・何が），直接目的語（誰・何を），属詞（誰・何），その他（誰・何と，など））によって，また疑問文の形（疑問詞を文末に置く，est-ce que を使う，倒置疑問文）によって形が変わることがあります．

| | 主　語 | 直接目的語・属詞 | その他 |
|---|---|---|---|
| 誰 | qui ＋*動詞（＋…）<br>または<br>qui est-ce qui ＋*動詞（＋…） | qui | 前置詞 ＋ qui |
| 何 | qu'est-ce qui ＋*動詞（＋…） | 文末に置く場合：quoi<br>文頭に置く場合：que (qu') | 前置詞 ＋ quoi |

　　＊主語をたずねる疑問文では，動詞は il, elle の形を使います．

| | |
|---|---|
| 誰が | : **Qui** habite ici? / **Qui est-ce qui** habite ici? |
| 何が | : **Qu'est-ce qui** arrive? |
| 誰を | : Tu regardes **qui**? / **Qui** est-ce que tu regardes? / **Qui** regardes-tu? |
| 何を | : Tu regardes **quoi**? / **Qu'est-ce que** tu regardes? / **Que** regardes-tu? |
| 属詞・誰 | : C'est **qui**? / **Qui** est-ce? |
| 属詞・何 | : C'est **quoi**? / **Qu'est-ce que** c'est? |
| その他・誰 | : Tu sors **avec qui**? / **Avec qui** est-ce que tu sors? / **Avec qui** sors-tu? |
| その他・何 | : Il parle **de quoi**? / **De quoi** est-ce qu'il parle? / **De quoi** parle-t-il? |

## Ⅲ．疑問形容詞 quel 67

たとえば「何歳」や「何色」などの「何」にあたるような，名詞を修飾する要素をたずねる疑問詞です．「形容詞」という名前が示すとおり，意味のかかる名詞の性・数に合わせて男性形・女性形・男女複数形の形を持つ疑問詞です．

|  | 単　数 | 複　数 |
|---|---|---|
| 男　性 | quel | quels |
| 女　性 | quelle | quelles |

Vous avez quel âge?

Quelle couleur aimez-vous?

Quels sont vos projets d'avenir?

Quelles sont les quatre saisons de l'année?

パリの四季

- - - - - - - - - - - - - - - - - - - - - - - - - - - - - - - - - - - - - - - - - - - - - - - -

**14 課のまとめ**

この課で学んだことをまとめておきましょう．学習内容をよく復習して空欄を埋めてください．

・疑問詞を用いた疑問文の形は，

   1.　主語 ＋ 動詞 ＋ ＿＿＿＿＿＿＿＿？

   2.　＿＿＿＿＿＿＿ ＋ ＿＿＿＿＿＿＿＿ ＋主語 ＋ 動詞？

   3.　＿＿＿＿＿＿ ＋ ＿＿＿＿＿＿ －主語？

・「誰」「何」をたずねる疑問代名詞の形は，

  誰が：＿＿＿＿＿＿＿ または ＿＿＿＿＿＿＿　　　　何が：＿＿＿＿＿＿＿

  誰を：＿＿＿＿＿＿＿　　　　　　　　　　　　　　何を：＿＿＿＿＿＿＿ または＿＿＿＿＿

  誰（のために）：pour ＿＿＿＿＿＿＿　　　　　　何（のために）：pour ＿＿＿＿＿＿＿

・疑問形容詞は修飾する名詞の ＿＿＿＿＿＿・＿＿＿＿＿＿ に合わせて形を変える．

  男性単数形：＿＿＿＿＿＿＿　　女性単数形：＿＿＿＿＿＿＿

  男性複数形：＿＿＿＿＿＿＿　　女性複数形：＿＿＿＿＿＿＿

→ Devoir 1

**Exercice 1**    （　）内の疑問詞を用いて，3 種類の疑問文を作りましょう.

1.  彼らはどこ (où) で働いているのですか？

2.  彼女はいつ (quand) フランスに到着しますか？

3.  Paul はどうやって (comment) 空港に行くの？

4.  どうして (pourquoi) 彼は学校に来ないの？

**Exercice 2**    日本語文の内容に合うように，（　）内に適当な疑問代名詞を入れましょう.

→ Devoir 2

1.  誰にその花をあげるの？　　　　Tu donnes ces fleurs à (　　　　　)?
2.  あれは何ですか？　　　　　　　C'est (　　　　　)?
3.  誰がフランスに行くのですか？　(　　　　　) va en France?
4.  何が起こったのですか？　　　　(　　　　　　) s'est passé?
5.  誰をお探しですか？　　　　　　Vous cherchez (　　　　　)?
6.  スーパーで何を買うの？　　　　(　　　　) est-ce que tu achètes au supermarché?
7.  彼らは何の話をしているのですか？　De (　　　　) parlent-ils?
8.  あなたたちは誰の家に行くのですか？　Vous allez chez (　　　　　)?

**Exercice 3**    （　）内に適当な疑問形容詞を入れて意味を考えましょう.

→ Devoir 3

1.  (　　　　　　) heure est-il?
2.  Tu aimes　(　　　　　) animaux?
3.  (　　　　) est votre nom, Madame?
4.  (　　　　　) sont ces fleurs?
5.  Nous sommes (　　　　) jour, aujourd'hui?
6.  (　　　　) temps fait-il en été à Osaka?
7.  (　　　　) est votre nationalité?
8.  (　　　　) est le meilleur restaurant dans ce quartier?

**Devoir 1** `68`  次の文が答えとなるような疑問文を指定された形で書きましょう.

1. Ils viennent ce soir.（est-ce que を使って）

2. Elle habite à Séoul.（倒置疑問文で）

3. Je m'appelle Alice.（疑問詞を文末に. 疑問詞は comment を使って）

4. Parce que j'ai faim.（倒置疑問文で. 自由に想像して作文しましょう）


**Devoir 2** `00`  適当な疑問詞を用いて 3 種類の疑問文を作りましょう.

1. 誰を待っているの？

2. 彼は誰と映画に行くのですか？

3. あなたは何のために働いているのですか？　　〜のため：pour 〜

4. 君は誰が好き？

5. （レストランで）何を召し上がりますか？　　召し上がる：prendre


**Devoir 3**  （　）内に適当な疑問形容詞を入れ，意味を考えましょう.

1. (　　　　　　　) est votre numéro de téléphone?
2. Il habite à (　　　　) étage?
3. (　　　　　　) sont vos chansons préférées?
4. Cet avion part à (　　　　　) heure?
5. Vous avez visité (　　　　　　) musées à Paris?
6. De (　　　　　) couleur est ta voiture?


**Devoir 4** `69`  次回までに répondre の現在形の活用形 (p.87) の音とつづりを暗記してきましょう. 辞書で意味を確認し，CDを何度も聞いてください. さらに自分で répondre の複合過去形を作り，覚えてきましょう.


次回の授業でテストがあります

# Leçon 15

## 関係代名詞

Leçon 14ではさまざまな疑問詞を学習しましたが，qui, que, où は関係代名詞としても用いられます．英語の who, whom, which などと同じですね．英語では先行詞（関係代名詞の前にある名詞）が人を表すのか物・事柄を表すのかによって関係代名詞を使い分けていましたが，フランス語では先行詞が後続の文の中でどのような役割を果たすのか（主語・直接目的語など）によって使い分けられます．ここでは基本となる4つの関係代名詞を学びましょう．

## Ⅰ．関係代名詞 qui 　70

先行詞が qui のうしろに続く文の主語の役割を果たす場合に用いられます．先行詞は人を表す名詞でも物や事柄を表す名詞でもかまいません．

Je cherche un homme **qui** a une voiture de sport.
(Je cherche *un homme*. + *Cet homme* a une voiture de sport.)

J'ai vu le tableau **qui** s'appelle «La Joconde».
J'ai vu *le tableau*. + *Ce tableau* s'appelle «La Joconde».)

関係代名詞 qui のうしろに続く文をよく見てください．関係代名詞 qui を用いれば，後続文の主語 ( cet homme, ce tableau ) はもう必要ありませんね．

## Ⅱ．関係代名詞 que (qu') 　71

先行詞が que （または qu'）のうしろに続く文の直接目的語に当たる場合に用いられます．先行詞は人を表す名詞でも物や事柄を表す名詞でもかまいません．フランス語では関係代名詞は省略しません．

Tu parles d'une femme **que** je connais?
(Tu parles d'*une femme*. + Je connais *cette femme*.)

La robe **qu'**elle porte est très belle.
(*La robe* est très belle. + Elle porte *cette robe*.)

関係代名詞 que のうしろに続く文をよく見てください．関係代名詞 que を用いれば，後続文の直接目的語 ( cette femme, cette robe ) はもう必要ありませんね．

通りの名前

---

**考えてみよう**

que が qu' となるのはどういう場合でしょうか．これまでに学習したことを参考にして考えてみましょう．

## Ⅲ．関係代名詞 où 72

先行詞がうしろに続く文のなかで場所や時を表す要素である場合に用いられます．

C'est <u>le restaurant</u> **où** nous avons dîné ensemble.
(C'est *le restaurant*. + Nous avons dîné ensemble *dans ce restaurant*.)

C'est <u>le jour</u> **où** je l'ai vu pour la première fois.
(C'est *le jour*. + Je l'ai vu pour la première fois *ce jour-là*.)

関係代名詞 où のうしろに続く文をよく見てください．関係代名詞 où を用いれば，後続文の中の場所や時を表す表現 (dans ce restaurant, ce jour-là) はもう必要ありませんね．

## Ⅳ．関係代名詞 dont 73

先行詞がうしろに続く文の中で **de＋名詞**という構文になる場合に用いられます．先行詞は人を表す名詞でも物や事柄を表す名詞でもかまいません．

Je connais <u>la fille</u> **dont** tu parles.
(Je connais *la fille*. + Tu *parles de cette fille*.)  *parler de~：〜について話す

J'ai <u>un ami</u> **dont** les parents habitent en France.
(J'ai *un ami*. + Les parents *de cet ami* (= *ses parents*) habitent en France.)

<u>Le livre</u> **dont** je te parlais se vend bien.
(*Le livre* se vend bien. + Je te parlais *de ce livre*.)

関係代名詞 dont のうしろに続く文をよく見てください．関係代名詞 dont を用いれば，後続文の de 以下の部分 （de cette fille, de cet ami, de ce livre） はもう必要ありませんね．

← 公衆トイレ　　　　地下鉄の入口　　　　水飲み場 →

> **15 課のまとめ**
> この課で学んだことをまとめておきましょう．学習内容をよく復習して空欄を埋めてください．
> ・関係代名詞 qui は先行詞が後続文の ＿＿＿＿＿＿＿＿ であるというしるし．
> ・関係代名詞 que (qu') は先行詞が後続文の ＿＿＿＿＿＿＿＿ であるというしるし．
> ・関係代名詞 où は先行詞が後続文の中で ＿＿＿＿＿ や ＿＿＿＿＿ の表現として用いられているというしるし．
> ・関係代名詞 dont は先行詞が後続文の中で ＿＿＿＿＿ ＋ ＿＿＿＿＿ という構文で用いられているというしるし．

**Exercice 1** 意味をよく考え，関係代名詞 qui または que (qu') を補って文を完成させましょう. → Devoir 1

1. Voilà la maison (　　　) vous cherchez.

2. Je ne connais pas le monsieur (　　　) est devant la porte.

3. J'habite dans un appartement (　　　)\*donne sur la mer.　　*donner sur : 〜に面している

4. Le garçon (　　　) elle a regardé est mon frère.

5. La viande (　　　) tu viens de manger est du lapin !

6. Le train (　　　) il a pris arrive à 11 heures.

7. Il y a des gens (　　　) chantent dans la rue.

8. A cette époque-là, il n'y avait pas de train (　　　) s'arrêtait ici.


**Exercice 2** 次の文を訳してみましょう. 関係代名詞に気をつけてください.

1. Le village où elle habite est près de Nagoya.

2. Donne-moi l'adresse du magasin où tu as acheté ce beau sac.

3. C'est une rivière où on peut nager.

4. C'est le jour où nous nous sommes vus à Kobe.


**Exercice 3** 次の文を訳してみましょう. 関係代名詞に気をつけてください. → Devoir 2

1. Je vais acheter le livre dont on parle beaucoup en ce moment.

2. Voilà le résultat dont je suis content.

3. Il a une sœur dont le mari est français.

4. C'est une chanteuse dont j'ai oublié le nom.

**Devoir 1** `74` 意味をよく考え，関係代名詞 qui または que (qu') を使って1つの文に書きかえましょう．

1. Le bus part à 7 heures. Je prends ce bus.

2. Le livre est sur la table. Elle cherche ce livre.

3. C'est ce monsieur. J'ai vu ce monsieur dans un café.

4. Tu as des amis français ? Ils font du judo.

5. Le livre est très intéressant. Tu m'as donné ce livre.

6. Est-ce que tu connais cette dame ? Elle parle en français avec Kenji.


**Devoir 2** `00` 意味をよく考え，関係代名詞 où または dont を使って1つの文に書きかえましょう．

1. Voilà le dictionnaire. J'ai besoin de ce dictionnaire pour apprendre le français.

2. Je vais souvent au café. Elle travaille dans ce café.

3. Je connais un garçon. Son père est un acteur très célèbre.

4. Voilà la ville. Nous habitions dans cette ville quand nous étions petits.

5. Elle a trouvé un appartement. Elle est très contente de cet appartement.

6. Je me souviens bien du jour. Je l'ai vu chez Marie ce jour-là.


**Devoir 3** `75` 次回までに écrire の現在形の活用形 (p.87) の音とつづりを暗記してきましょう．辞書で意味を確認し，CDを何度も聞いて下さい．さらに自分で écrire の複合過去形を作り，覚えてきましょう．


次回の授業でテストがあります

# 中性代名詞，代名詞の語順

Leçon 11では目的語代名詞，強勢形代名詞を学習しました．この課では中性代名詞というものを勉強しましょう．「中性」という名前がついているように，受ける名詞の性・数に関係なく使うことのできる代名詞です．さらに，2つの代名詞が同時に用いられるときの語順も見ておきましょう．

## Ⅰ．中性代名詞 le, y, en　76

フランス語には中性代名詞という代名詞があります．「中性」という名前がついているように，受ける名詞の性・数を考える必要はありません（目的語代名詞や強勢形代名詞のときには受ける名詞の性・数を考慮しなければなりませんでしたね → Leçon 11）．

中性代名詞もやはり動詞の前に置かれます（ただし，肯定命令文ではハイフンを用いて動詞のうしろに置きます）．中性代名詞には le, y, en の3つがあり，以下に挙げるような要素を受けます．

**le**　① 属詞を受ける．

Tu es heureux?　　　　　Oui, je **le** suis.　/　Non, je ne **le** suis pas.

Vous êtes étudiants?　　Oui, nous **le** sommes.　/　Non, nous ne **le** sommes pas.

② 動詞によって表されるもの，前文の内容・文脈などを受ける．

Elle veut habiter en France?　　Oui, elle **le** veut.　/　Non, elle ne **le** veut pas.

Tu penses que Paul aime Marie?　Oui, je **le** pense.　/　Non, je ne **le** pense pas.

> **考えてみよう1**
> 上の例を見て，否定文の中で le が用いられるときの位置を確認しておきましょう．

**y**　① 場所の表現を受ける．

Cet été, vous allez en France ?　　Oui, j'**y** vais.　/　Non, je n'**y** vais pas.

Il habite dans cet appartement ?　Oui, il **y** habite.　/　Non, il n'**y** habite pas.

② à + 名詞を à を含めて受ける．

Tu \*penses à ton avenir ?　　Oui, j'**y** pense.　/　Non, je n'**y** pense pas.

\*penser à：〜のことを考える

Il répond à cette lettre ?　　Oui, il **y** répond.　/　Non, il n'**y** répond pas.

> **考えてみよう2**
> 上の例を見て，否定文の中で y が用いられるときの位置を確認しておきましょう．

**en**　① 不定冠詞 (un, une, des)，部分冠詞 (du, de la)，ゼロの冠詞 (de) 付きの名詞を受ける．

Vous avez des frères ?　　　Oui, j'**en** ai. / Non, je n'**en** ai pas.

Tu prends du vin ?　　　　Oui, j'**en** prends. / Non, je n'**en** prends pas.

Elle n'a pas d'amis français ?　Si, elle **en** a. / Non, elle n'**en** a pas.

en で受けるものの数量を示したいときには，数量の表現を最後に付け足すことができます．

Vous avez des frères?　　Oui, j'**en** ai **un**.　（ただし, Vous avez des sœurs? Oui, j'en ai une.)

Tu prends du vin ?　　　Oui, j'**en** prends \***un peu**.　\*un peu：少し

Elle n'a pas d'amis français ?　Si, elle **en** a \***beaucoup**.　\*beaucoup：たくさん

② **de＋名詞を de を含めて**受ける.

    Il parle <u>de l'avenir</u>?        Oui, il **en** parle. / Non, il n'**en** parle pas.

    Vous êtes content <u>de ce résultat</u>?  Oui, j'**en** suis content. / Non, je n'**en** suis pas content.

**考えてみよう 3**

1. 上の例を見て，否定文の中で en が用いられるときの位置を確認しておきましょう.
2. ①で見たとおり，不定冠詞，部分冠詞，ゼロの冠詞付きの名詞は en で受けます. 定冠詞，所有形容詞，指示形容詞のついている名詞はどの代名詞で受けているでしょうか. 下の例を見て，確認しておきましょう.

  （例）  Vous cherchez <u>la clé</u>?        Oui, nous <u>la</u> cherchons.
          Il fait <u>ses devoirs</u>?          Oui, il <u>les</u> fait.
          Tu donnes <u>ce livre</u> à Louise?    Oui, je <u>le</u> donne à Louise.

## Ⅱ. 代名詞の語順 　77

    言いたいことによっては，２つの代名詞が同時に使われることがあります. このような場合にも代名詞は２つとも**動詞の前に**置かれますが，次のように置かれる順番が決まっています.

| me (m'), te (t'), se (s'), nous, vous | + | le, la, l', les | + | lui, leur | + | y | + | en |
|---|---|---|---|---|---|---|---|---|

    Tu <u>me</u> prêtes <u>ta voiture</u>?      Oui, je **te la** prête. / Non, je ne **te la** prête pas.

    Paul donne <u>ce livre</u> <u>à Marie</u>?   Oui, il **le lui** donne. / Non, il ne **le lui** donne pas.

    ただし，肯定命令文では，次の語順で代名詞をハイフンで結び，動詞のうしろに置きます.

| le, la, les | + | moi (m'), toi (t'), nous, vous, lui, leur | + | y | + | en |
|---|---|---|---|---|---|---|

    Donnez-<u>moi</u> <u>votre valise</u>.      → Donnez-**la-moi**.

    Parle-<u>moi</u> <u>de ton secret</u>.      → Parle-**m'en**.

**考えてみよう 4**

上の例を見て，否定文中で 2 つの代名詞が同時に用いられる場合の代名詞の位置を確認しておきましょう.

16 課のまとめ
この課で学んだことをまとめておきましょう. 学習内容をよく復習して空欄を埋めてください.
- 中性代名詞には ＿＿＿＿＿・＿＿＿＿＿・＿＿＿＿＿ の３つがある.
- ＿＿＿＿＿ は属詞や ＿＿＿＿＿＿＿＿＿＿＿ を受ける.
- ＿＿＿＿＿ は場所の表現や ＿＿＿＿＿＿＿＿＿＿ を受ける
- ＿＿＿＿＿ は ＿＿＿ 冠詞・ ＿＿＿ 冠詞・ ＿＿＿ 冠詞付きの名詞や ＿＿＿＋名詞を受ける.
- 2つの代名詞が同時に用いられるときには置かれる ＿＿＿＿＿＿ が決まっている.

（　　）内に適当な中性代名詞を入れて文を完成させ，意味を考えましょう.

1. Il va à l'aéroport en bus?　　　　Non, il (　　　) va en métro.

2. Vous voulez du café?　　　　　　Oui, j'(　　　) veux un peu.

3. Tu sais que Paul aime Marie?　　　Oui, je (　　　) sais.

4. Luc a une voiture?　　　　　　　Non, il n'(　　　) a pas.

5. Vous êtes fier de ce résultat?　　　Oui, j' (　　　) suis fier.

6. Vous avez déjà répondu à ce fax?　Non, je n'(　　　) ai pas encore répondu.

7. Il fait très chaud. Tu n'as pas besoin de ton chapeau?　Si, j'(　　　) ai besoin.

8. Jean parle de son projet de vacances?　Oui, il (　　　) parle toujours.


**Exercice 2**　中性代名詞を使って，次の質問に肯定と否定で答えましょう.　　　→ Devoir 1

1. Elles sont étudiantes?

2. Vous allez à l'école demain?

3. Ta mère est contente de ce cadeau?

4. Il a dit que c'est vrai?

5. Tu fais du ping-pong?


**Exercice 3**　下線部を代名詞にして文を書きかえましょう.　　　→ Devoir 2

1. Je te présente ma cousine.

2. Tu me donnes ces photos?

3. Montrez-moi votre passeport, s'il vous plaît.

4. Il y a du vin blanc dans le frigo.

5. Nathalie *s'intéresse à la littérature japonaise.　　　*s'intéresser à 〜 : 〜に興味がある

**Devoir 1** `78` 中性代名詞を使って，指示された内容になるように答えましょう．

1. Vous savez qu'il est français?（知っている）

2. Akira n'a pas d'amis africains?（たくさんいる）

3. Tu penses aux vacances?（少し考えている）

4. Elle est américaine?（違う）

5. Il parle de ce film?（話している）

6. Ses parents sont déjà arrivés en Chine?（まだ到着していない）


**Devoir 2** `79` 下線部を代名詞にして文を書きかえましょう．

1. Patrice a donné ce cadeau à Hélène pour son anniversaire.

2. Parle-nous de ton accident.

3. Je vous montre la photo de ma famille.

4. Il y a beaucoup de temples à Kyoto.

5. Je me souviens bien de mon enfance.


**Devoir 3** 次回までに，自分で sortir の複合過去形と半過去形を作り，覚えてきましょう．


次回の授業でテストがあります

# 単純未来形，前未来形

未来のことを伝えるには，Leçon 8 で見た近接未来形以外に，単純未来形という形を使うこともできます．この課では，単純未来形の形と用法，それから未来のある時点にすでに完了しているであろうことを伝える前未来形を学習しましょう．

## Ⅰ．単純未来形 80

　未来に起こる事柄や推測を表します．また主語が tu や vous のときには軽い指示を表すこともあります．フランス語では動詞自体が単純未来形という形に活用します．単純未来形の活用語尾は全動詞に共通で，語幹にはほとんどの場合，動詞の原形をそのまま（原形の語尾が -re のときには e を取る）使います．

<table>
<tr><td colspan="4">単純未来形の活用語尾</td></tr>
<tr><td>je (j)</td><td>— (r)ai</td><td>nous</td><td>— (r)ons</td></tr>
<tr><td>tu</td><td>— (r)as</td><td>vous</td><td>— (r)ez</td></tr>
<tr><td>il</td><td>— (r)a</td><td>ils</td><td>— (r)ont</td></tr>
<tr><td>elle</td><td>— (r)a</td><td>elles</td><td>— (r)ont</td></tr>
</table>

**parler**

| je | parler**ai** | nous | parler**ons** |
|---|---|---|---|
| tu | parler**as** | vous | parler**ez** |
| il | parler**a** | ils | parler**ont** |
| elle | parler**a** | elles | parler**ont** |

**partir**

| je | partir**ai** | nous | partir**ons** |
|---|---|---|---|
| tu | partir**as** | vous | partir**ez** |
| il | partir**a** | ils | partir**ont** |
| elle | partir**a** | elles | partir**ont** |

**prendre**

| je | prendr**ai** | nous | prendr**ons** |
|---|---|---|---|
| tu | prendr**as** | vous | prendr**ez** |
| il | prendr**a** | ils | prendr**ont** |
| elle | prendr**a** | elles | prendr**ont** |

Je parlerai avec Michel ce soir.
Nous partirons pour les Etats-Unis *l'année prochaine.　　*l'année prochaine：来年
Tu prendras ce train.

---

**考えてみよう1**

1. 単純未来形の語尾を見てください．よく知っている動詞の活用形に似ていますね．

2. CD を聞きましょう．parler を単純未来形で活用させると，parler の e の音はどうなっていますか．

---

単純未来形を作るとき，以下のように，単純未来形専用の語幹を持つものがあります．

| avoir | → j'**aur**ai | être | → je **ser**ai | aller | → j'**ir**ai | venir | → je **viendr**ai |
|---|---|---|---|---|---|---|---|
| faire | → je **fer**ai | voir | → je **verr**ai | savoir | → je **saur**ai | vouloir | → je **voudr**ai |
| pouvoir | → je **pourr**ai | devoir | → je **devr**ai | など | | | |

**考えてみよう2**

以下の表の空欄を埋めて，不規則な語幹を持つ動詞の単純未来形を作りましょう.

| avoir の単純未来形 |
| --- |
| j'aurai |

| être の単純未来形 |
| --- |
| je serai |

| venir の単純未来形 |
| --- |
| je viendrai |

| faire の単純未来形 |
| --- |
| je ferai |

## Ⅱ．前未来形 81

　未来のある時点までに完了しているであろう事柄を表します．前未来形は以下のようにして作りますが，avoir を使うのか être を使うのかは，複合過去形や大過去形の場合と同じです.
(→Leçon 9, 10, 13).

| 前未来形の形 |
| --- |
| **avoir** の単純未来形 ＋ 過去分詞 |
| または |
| **être** の単純未来形 ＋ 過去分詞 |

Marie aura fini son travail *avant
5 heures.　　*avant：〜までには

Quand il arrivera à la gare d'Osaka,
le train sera déjà parti.

Ses parents seront sortis, quand elle
rentrera à la maison.

公園の看板

**17 課のまとめ**

この課で学んだことをまとめておきましょう．学習内容をよく復習して空欄を埋めてください.

・単純未来形は未来の事柄や推測，主語が _____ や _____ のときには軽い指示を表す.

・単純未来形の活用語尾は_____の活用形と同じ．語幹にはほとんどの動詞で_____を使う.

・単純未来形専用の語幹を持つ動詞にはたとえば_____，_____，_____，_____
などがある.

・前未来形の形は_____ または _____ ＋ 過去分詞.

・前未来形は未来のある時点までに_____ を表す.

*soixante-neuf* **69**

**Exercice 1** （　）内の動詞を単純未来形に活用させ，文の意味を考えましょう．　　→ Devoir 1

1. Je ＿＿＿＿＿＿＿ en Grèce pendant les vacances. （voyager）

2. Quand est-ce qu'elle ＿＿＿＿＿＿＿ de France? （rentrer）

3. Dans 4 ans, nous ＿＿＿＿＿＿＿ nos études à l'université. （terminer）

4. Ils ＿＿＿＿＿＿＿ cet après-midi? （sortir）

5. Vous ＿＿＿＿＿＿＿ ce métro pour aller à la mairie. （prendre）

6. Tu me ＿＿＿＿＿＿＿ la vérité, si tu es innocent. （dire）

**Exercice 2** （　）内の動詞を単純未来形に活用させ，文の意味を考えましょう．　　→ Devoir 2

1. Il ＿＿＿＿＿＿＿ beau demain à Marseille. （faire）

2. La semaine prochaine, elle ＿＿＿＿＿＿＿ en France. （être）

3. Si vous ne mangez pas maintenant, vous ＿＿＿＿＿＿＿ faim. （avoir）

4. Elles ＿＿＿＿＿＿＿ au cinéma avec nous? （venir）

5. Vous ＿＿＿＿＿＿＿ venir chez moi demain? （pouvoir）

6. Tu es malade ? Tu ＿＿＿＿＿＿＿ chez le médecin. （aller）

**Exercice 3** 次の動詞を前未来形に活用させましょう．　　→ Devoir 3

faire                  arriver                  se lever

**Exercice 4** 日本語の意味に合うように，（　）内の動詞を単純未来形か前未来形に活用させましょう．

1. わかりました．明日は家にいます．
   Entendu, je ＿＿＿＿＿ chez moi demain. （être）

2. パリは嵐だろう．
   A Paris, il y ＿＿＿＿＿ des orages. （avoir）

3. 宿題を終えたら，テレビを見てもいいよ．
   Tu ＿＿＿＿＿ regarder la télévision quand tu ＿＿＿＿＿ tes devoirs. （pouvoir, finir）

**Devoir 1** 82 （　）内の動詞を単純未来形に活用させ，文の意味を考えましょう.

1. Il _____ ces fleurs à Françoise. （donner）

2. J' _____ un roman un jour ! （écrire）

3. Vous _____ votre travail quand ? （finir）

4. Ils _____ leurs vacances où ? （passer）

5. Tu _____ à ton professeur. （téléphoner）

**Devoir 2** 00 （　）内の動詞を単純未来形に活用させ，文の意味を考えましょう.

1. Je _____ travailler encore. （devoir）

2. Qu'est-ce que vous _____ après vos études ? （faire）

3. Les parents de Jean _____ au Japon l'année prochaine. （venir）

4. Je _____ triste, si tu ne viens pas avec moi. （être）

5. Elle _____ la vérité un jour. （savoir）

**Devoir 3** 83 （　）内の動詞を前未来形に活用させ，文の意味を考えましょう.

1. J'_____ des courses avant le déjeuner. （faire）

2. Elles _____ à Séoul à midi. （arriver）

3. Nous _____ , quand tu arriveras. （dîner）

4. Téléphone-moi quand tu _____ à la maison. （rentrer）

5. Elle _____ à 6 heures. （se lever）

**Devoir 4** 次回までに，自分でallerの単純未来形を作り，覚えてきましょう.

次回の授業でテストがあります

# 現在分詞，ジェロンディフ，受動態

> フランス語にも英語の -ing 形にあたる現在分詞が存在します．「～している〇〇」と形容詞的に用いたり，英語の分詞構文のように前後関係や原因，理由などを表したりします．この現在分詞を使ってジェロンディフという形も作ります．受動態の文も英語に似た作りかたをします．

## Ⅰ．現在分詞 84

　フランス語にも英語の -ing 形にあたる現在分詞が存在します．現在分詞は現在形の nous の活用から語尾の ons を取り除いた部分に ant を付けて作ります．

---
**考えてみよう**

次の動詞の現在分詞を作ってみましょう．

parler →　　　　manger →　　　　partir →　　　　faire →　　　　prendre →

---

avoir, être, savoir の３つの動詞は例外的に現在分詞専用の語幹を持っています．

　　　avoir → **ay**ant　　　　　　être → **ét**ant　　　　　　savoir → **sach**ant

現在分詞は形容詞的に名詞や代名詞を修飾したり，

Cette dame **parlant** avec Pierre est notre professeur.　ピエールと話しているあの女性は私たちの先生です．

Je l'ai vu **mangeant** des escargots.　エスカルゴを食べている彼を見た．

おもに英語の分詞構文のように，原因，理由などを表します．

　　**Etant** malade, Marie n'est pas sortie.　病気なので，マリーは外出しなかった．
　　**Parlant** 3 langues, il trouvra facilement du travail.　3カ国語を話せれば，簡単に仕事が見つかるだろう．

この現在分詞構文は主に書き言葉の中で使われます．

## Ⅱ．ジェロンディフ 85

　**en＋現在分詞**の形をジェロンディフと言います．同時性，原因・理由，条件・仮定，対立・譲歩，などを表しますが，ジェロンディフは話し言葉でも使うことのできる構文です．

Il mange son sandwich **en marchant**.　彼は歩きながらサンドウイッチを食べている．
**En partant** à 7 heures, je suis arrivé à 9 heures.　7時に出発したので9時に到着した．
\***Tout en étant** pauvre, elle est très heureuse.　彼女は貧乏なのにとても幸せだ．
　\*tout をともなうと対立・譲歩の意味が強調されます．

## Ⅲ. 受動態 86

「～が…される」という受け身の意味を表すのが受動態です．フランス語の受動態は **être ＋ 過去分詞**という組み合わせで作ります．英語の be ＋ 過去分詞と同じですね．être を使いますから，これまでに学習した属詞（→ Leçon 4, 5）や複合過去形（→ Leçon 10）の場合と同様に，過去分詞は文の主語と性・数一致します．動作主「～によって」はしばしば省略されますが，必要な場合には par ～で示されます（状態を表す動詞の受動態（「好かれている」「知られている」など）では de ～）．être の部分を複合過去形や単純未来形などにすれば，過去「～された」や未来「～されるだろう」の事柄を表すことができます．

Sophie invite Marc à dîner. → Marc est invité à dîner **par** Sophie.

Tout le monde aime cette actrice. → Cette actrice est aim**ée de** tout le monde.

Victor Hugo a écrit ce roman. → Ce roman **a été** écrit par Victor Hugo.

*On fermera ce magasin le mois prochain. → Ce magasin **sera** fermé le mois prochain.

* 動作主 On は par on とはなりません．On は常に受動態の文では省略されます．

パリの
イルミネーション

エッフェル塔

ギャルリー・ラファイエット

凱旋門

**18 課のまとめ**

この課で学んだことをまとめておきましょう．学習内容をよく復習して空欄を埋めてください．

・フランス語の現在分詞は現在形 _____ の活用から語尾の _____ を取り除き，_____ をつけて作る．

・現在分詞は _____ 的に名詞を修飾したり，文脈によって _____ ，_____ などの意味を表す．

・ジェロンディフの形は _____ ＋ _____ ．

・ジェロンディフは文脈によって _____ ，_____ ，_____ などの意味を表す．

・受動態の形は _____ ＋ _____ ．_____ は主語に合わせて _____・_____ 一致する．

与えられた動詞を現在分詞にして，文の意味を考えましょう．　→ Devoir 1

1. J'ai vu un monsieur _____ de l'école．（sortir）

2. C'est le chauffeur _____ le mieux les rues de Paris．（connaître）

3. _____ de la fièvre, il ne viendra pas．（avoir）

4. _____ gentille, elle a beaucoup d'amis．（être）


Exercice 2　与えられた動詞をジェロンディフにして，文の意味を考えましょう．　→ Devoir 2

1. Il s'est cassé la jambe _____ du foot．（faire）

2. _____ cet avion, nous arriverons à midi à Fukuoka．（prendre）

3. Tout _____ beaucoup, Jeanne est toujours pauvre．（travailler）

4. Mon frère est rentré _____ ．（pleurer）


Exercice 3　次の文を受動態の文に書きかえましょう．　→ Devoir 3

1. Mon père appelle un taxi.

2. Tout le monde connaît cet acteur.

3. Céline Dion chante cette chanson.

4. Céline Dion a chanté cette chanson.

5. Céline Dion chantera cette chanson à son concert.

**Devoir 1** (87) 意味を考え，現在分詞を使って1つの文に書きかえましょう．

1. J'ai rencontré Nathalie. Elle marchait vers le centre-ville.

2. Comme il est très sympathique, il a beaucoup d'amis.

3. Comme il travaille beaucoup, il rentre toujours tard.

4. Comme j'ai le temps, je suis allé au cinéma.


**Devoir 2** (00) 意味を考え，ジェロンディフを使って1つの文に書きかえましょう．

1. Son père chante quand il prend sa douche.

2. Il ne me dit rien, mais il sait la vérité.

3. Le bébé *sourit quand il dort.          *sourit : sourire

4. Si tu achètes une voiture, tu gagneras du temps.


**Devoir 3** (88) 次の文を能動態の文に書きかえましょう．動作主が明示されていないものはonを主語にしてください．

1. Ce professeur est respecté de tous les étudiants.

2. La fenêtre est fermée par Sophie.

3. Cette photo a été prise par mon frère.

4. Le président sera invité au Japon en automne.


**Devoir 4** 次回までに，自分で pouvoir, vouloir の単純未来形を作り，覚えてきましょう．


次回の授業でテストがあります

# 条件法

これまでに学習した現在形・複合過去形・半過去形・大過去形・単純未来形・前未来形は，「直説法」というグループに含まれる形です．ここでは「条件法」という形を学習します．話者が現在や過去の事実に反すること，実現の可能性の低いことを仮定するとき，フランス語では条件法を使います．

## Ⅰ．「もしも」の世界

まずは，次の3つの文を比較してみましょう．

1. もし明日晴れればテニスをしよう．
2. もし晴れならテニスができるのに．
3. もし晴れていたらテニスができたのに．

1がまだ実現可能な事柄を仮定しているのに対して，2・3の文は現在や過去の事実に反する仮定です．フランス語ではこのようなことを表現するのに，次のような基本的組み合わせがあります．

---

1. **Si ＋ 現在形, 単純未来形**　　\*S'il <u>fait</u> beau demain, je <u>ferai</u> du tennis.
   　　　　　　　　　　　　　　　　　　現在形　　　　　　　　　　単純未来形
2. **Si ＋ 半過去形, 条件法現在形**　　S'il <u>faisait</u> beau, je <u>ferais</u> du tennis.
   　　　　　　　　　　　　　　　　　　半過去形　　　　　条件法現在形
3. **Si ＋ 大過去形, 条件法過去形**　　S'il <u>avait fait</u> beau, j'<u>aurais fait</u> du tennis.
   　　　　　　　　　　　　　　　　　　大過去形　　　　　条件法過去形

---

\* si のあとに il, ils がくるときには s'il, s'ils になります．elle, elles がきても省略はありません（si elle, si elles）ので気をつけましょう．

## Ⅱ．条件法現在形　🔊89

「もし（今）〜ならば（si＋半過去形），○○なのに（条件法現在形）」と，現在の事実に反する仮定を表す文の中で用いられます．

---
**考えてみよう 1**

条件法現在形の語尾をよく見てください．いままでに習ったどの活用形の活用語尾と同じですか．

---

| 条件法現在形の作りかた |
|:---:|
| それぞれの動詞の**単純未来形の語幹**（→ Leçon 17）|
| ＋ |

| je (j') | -ais | nous | -ions |
|---|---|---|---|
| tu | -ais | vous | -iez |
| il | -ait | ils | -aient |
| elle | -ait | elles | -aient |

**parler**

| je | parler**ais** | nous | parler**ions** |
|---|---|---|---|
| tu | parler**ais** | vous | parler**iez** |
| il | parler**ait** | ils | parler**aient** |
| elle | parler**ait** | elles | parler**aient** |

**prendre**

| je | prendr**ais** | nous | prendr**ions** |
|---|---|---|---|
| tu | prendr**ais** | vous | prendr**iez** |
| il | prendr**ait** | ils | prendr**aient** |
| elle | prendr**ait** | elles | prendr**aient** |

**avoir**

| j' | aur**ais** | nous | aur**ions** |
|---|---|---|---|
| tu | aur**ais** | vous | aur**iez** |
| il | aur**ait** | ils | aur**aient** |
| elle | aur**ait** | elles | aur**aient** |

**être**

| je | ser**ais** | nous | ser**ions** |
|---|---|---|---|
| tu | ser**ais** | vous | ser**iez** |
| il | ser**ait** | ils | ser**aient** |
| elle | ser**ait** | elles | ser**aient** |

Si je n'avais pas mal à la gorge, je parlerais plus fort.

Si elle était là, je serais heureux.

**考えてみよう2**

条件法現在形には語感を和らげて丁寧さを表す働きもあります．次の文の（　　）内の動詞を条件法現在形に活用させて意味を考えてみましょう．

1. Je _____ réserver une chambre pour une nuit. (vouloir)

2. _____ -vous me prêter votre voiture ce soir ? (pouvoir)

3. J'_____ bien voir ce film à Paris. (aimer)

## Ⅲ．条件法過去形 ⑨⓪

　「もし（あのとき）～だったら（si＋大過去形），○○だったのに（条件法過去形）」と，過去の事実に反する仮定を表す文の中で用いられます．条件法過去形は以下のようにして作りますが，avoir を使うのか être を使うのかは，複合過去形や大過去形，前未来形の場合と同じです（→ Leçon 9, 10, 13, 17）．また，être を用いる場合には過去分詞の性・数一致に気をつけましょう．

| 条件法過去形の形 |
| --- |
| ① avoir の条件法現在形 ＋ 過去分詞 |
| または |
| ② être の条件法現在形 ＋ 過去分詞 |

Si je n'avais pas eu mal à la gorge, j'aurais parlé plus fort.

Si elle avait pris ce bus, elle serait arrivée à l'heure.

**考えてみよう3**

1. 次の動詞を条件法過去形に活用させましょう．

parler　　　　　　　　　　　　　arriver

2. 条件法過去形の否定形はどうやって作ればよいでしょうか．複合過去形や大過去形の否定形を参考にして考えてみましょう．

**19 課のまとめ**

この課で学んだことをまとめておきましょう．学習内容をよく復習して空欄を埋めてください．

・条件法現在形の形：_____ の語幹 ＋ _____ の活用語尾．

・条件法過去形の形：avoir または être の _____ ＋ _____

・条件文の中で使う動詞の活用形の組み合わせは，

　　もし～なら，…だろう：Si ＋ 現在形，_____

　　もし～なら，…なのに：Si ＋_____，_____

　　もし～だったら，…だったのに：Si ＋_____，_____

**Exercice 1** 次の文のうち, 1. 実現可能性のあること, 2. 現在の事実に反する仮定, 3. 過去の事実に反する仮定, はどれでしょう. → Devoir 1, 2

1. 明日マリーが来てくれたらうれしいなあ. うれしい：heureux
2. 君がもっと早く出かけていたらあのバスに乗れたのに. 早く：tôt
3. 時間があればあなたのコンサートに行くんだけど. でも… 時間がある：avoir le temps
4. 日曜日なら私たちはお昼まで寝られるのに.
   日曜日だ：nous sommes dimanche, お昼まで：jusqu'à midi
5. 彼に仕事があれば, Marie と結婚できたのに.
   仕事がある：avoir un travail, 〜と結婚する：se marier avec 〜
6. 私たちはあの電車に乗っていなかったら, 遅刻したね. 遅刻する：arriver en retard
7. お金があったらあのパソコンを買えたのになあ. パソコン：ordinateur
8. 私が教師なら, 学生に宿題を出さない（与えない）んだけどねえ.
9. 君が試験に受かったら,（君を）晩ご飯に招待するよ. 試験に受かる：réussir à ton examen
10. 病気でなければ, 君は今年の夏フランスに行けるのにね. 病気である：être malade

**Exercice 2** （ ）内の動詞を半過去形または条件法現在形に活用させ, 文の意味を考えましょう. → Devoir 1

1. Si elle _____ (avoir) le temps le matin, elle _____ (lire) un journal.

2. Si tu _____ (partir) plus tôt, tu _____ (prendre) ce train.

3. Si nous _____ (être) en vacances, nous _____ (partir) en voyage.

4. Si j' _____ (habiter) à Nice, vous _____ (pouvoir) dormir chez moi.

5. S'il _____ (*ne pas pleuvoir) , je _____ (faire) du jogging.
   *ne pas は正しい位置に

**Exercice 3** （ ）内の動詞を大過去形または条件法過去形に活用させ, 文の意味を考えましょう. → Devoir 2

1. Si vous _____ (téléphoner) à Sophie, elle _____ (être) heureuse.

2. S'il _____ (avoir) du courage, il _____ (dire) la vérité.

3. Si elles _____ (être) en vacances, elles _____ (venir) au Japon.

4. Si Paul _____ (arriver) à l'heure, nous _____ (prendre) le train de 10 heures.

5. Si tu _____ (*ne pas rester) avec moi, je _____ (*ne pas pouvoir) finir mon travail. *ne pas は正しい位置に

**Devoir 1** 91 | Exercice 1 | で2（現在の事実に反する仮定）だと判断した文をフランス語になおしてみましょう.

**Devoir 2** 00 | Exercice 1 | で3（過去の事実に反する仮定）だと判断した文をフランス語になおしてみ

**Devoir 3** 92 日本語の意味に合うように（　）内の動詞を適当な形に活用させましょう.

1. お金があれば，フランスに旅行できるのになあ.

   Si j'＿＿＿＿＿＿ (avoir) de l'argent, je ＿＿＿＿＿＿＿ (voyager) en France.

2. もし私が君だったら，彼の提案を受け入れないだろう.

   Si j'＿＿＿＿＿＿ (être) toi, je n'＿＿＿＿＿＿＿ (accepter) pas sa proposition.

3. 時間があれば，彼らはこの本を読み終えたのに.

   S'ils ＿＿＿＿＿＿ (avoir ) le temps, ils ＿＿＿＿＿＿＿ (finir) ce livre.

4. もし頭が痛くなかったら，彼は芝居に行けたのに.

   S'il ＿＿＿＿＿＿＿＿ (*ne pas avoir) mal à la tête, il ＿＿＿＿＿＿ (aller) au théâtre.
   *ne pas は正しい位置に.

5. すぐにあなたとお会いしたいのですが.

   Je ＿＿＿＿＿＿＿ (vouloir) vous voir tout de suite.

**Devoir 4** 次回までに，自分で devoir の条件法現在形と条件法過去形を作り，覚えてきましょう.

次回の授業でテストがあります

## Leçon 20　接続法

> Leçon 19では「条件法」という動詞の形を覚えました．ここでは「接続法」の形を学びます．接続法は，一般に que によって導かれる従属節の中で，話者の希望（〜であることを望む）や感情（〜であることがうれしい・悲しいなど）・義務（〜しなければならない）などの内容を表すときに用いられる形です．接続法にもやはり現在形と過去形があります．

### Ⅰ．主節と従属節

　一般に，接続法は que (qu') によって導かれる**従属節の中で**使われます．**従属節**というのは接続詞などによって導かれている部分のことです．たとえば，quand や si，que という接続詞に導かれている部分が従属節です．

> Quand je suis rentré à la maison, mon fils regardait la télévision.
> S'il fait beau demain, je ferai du tennis.
> Elle dit que Paul est français.

　これに対して，従属節を導いている部分を**主節**といいます．上の例文ではそれぞれ，"mon fils regardait la télévision"，"je ferai du tennis"，"Elle dit" の部分が主節です．

### Ⅱ．接続法現在形　93

　接続法は，主節が義務・願望・感情・不確実なことなどを表している場合に que (qu') に導かれる従属節の中で使われます．ほとんどの動詞の接続法現在形は以下のように作られます．活用語尾は全動詞に共通です．

<table>
<tr><th colspan="4">接続法現在形の作りかた</th></tr>
<tr><td colspan="2">① 各動詞の**直説法現在形** ils の活用から語尾の ent を取り除いた部分<br>＋</td><td colspan="2">② 各動詞の**直説法現在形** nous の活用から語尾の ons を取り除いた部分<br>＋</td></tr>
<tr><td>je (j')　-e</td><td>il / elle　-e</td><td>nous</td><td>-ions</td></tr>
<tr><td>tu　-es</td><td>ils / elles　-ent</td><td>vous</td><td>-iez</td></tr>
</table>

#### 考えてみよう 1

接続法現在形の活用語尾に見覚えはありませんか．上の ①，② の活用語尾はそれぞれこれまでに学習した何形の活用語尾と同じでしょうか．

①：＿＿＿＿＿＿＿＿法＿＿＿＿＿＿＿＿形　　②：＿＿＿＿＿＿＿＿法＿＿＿＿＿＿＿＿形

|  | parler<br>(ils parlent, nous parlons) |  | partir<br>(ils partent, nous partons) |  | venir<br>(ils viennent, nous venons) |
|---|---|---|---|---|---|
| je parle | nous parlions | je parte | nous partions | je vienne | nous venions |
| tu parles | vous parliez | tu partes | vous partiez | tu viennes | vous veniez |
| il parle | ils parlent | il parte | ils partent | il vienne | ils viennent |
| elle parle | elles parlent | elle parte | elles partent | elle vienne | elles viennent |

義　務：*Il faut que Paul parte tout de suite.
　　　　＊il faut：〜しなければならない．主語の il は非人称の il と呼ばれ，意味はありません．
願　望：Je veux que tu viennes à la réunion.
感　情：Le professeur est content que ses étudiants parlent bien français.
不確実：Je ne pense pas qu'il vienne à l'école demain.

接続法専用の語幹を持つ動詞がいくつかあります.

| | | | |
|---|---|---|---|
| aller | → j'**aille**... nous **all**ions | faire | → je **fasse**... nous **fass**ions |
| vouloir | → je **veuille**... nous **voul**ions | pouvoir | → je **puisse**... nous **puiss**ions |
| savoir | → je **sache**... nous **sach**ions など | | |

例外的に avoir と être は接続法専用の活用形を持っています.

| | avoir | | | | être | | |
|---|---|---|---|---|---|---|---|
| j' | aie | nous | ayons | je | sois | nous | soyons |
| tu | aies | vous | ayez | tu | sois | vous | soyez |
| il | ait | ils | aient | il | soit | ils | soient |
| elle | ait | elles | aient | elle | soit | elles | soient |

## Ⅲ．接続法過去形  94

接続法現在形と同様に，主節が義務・願望・感情・不確実なことなどを表している場合に，que (qu') によって導かれる従属節の中で使われます．接続法過去形の作りかたは，これまでに学習した複合過去形，大過去形，前未来形，条件法過去形と似ていますね（→ Leçon 9, 10, 13, 17, 19）.

**接続法過去形の形**
**avoir** の接続法現在形 ＋ 過去分詞
または
**être** の接続法現在形 ＋ 過去分詞

義　務：Il faut que tu sois arrivé à la gare avant midi.
願　望：Pierre veut que son fils ait fini ses devoirs avant le dîner.
感　情：Camille est triste que son chien soit mort.
不確実：Il est possible qu'il ait aimé Patricia.

**考えてみよう 2**

接続法過去形の否定形はどのようにして作ればよいでしょうか.

接続法過去形は，過去の事柄を表すとは限りません．接続法現在形が未完了事項を表すのに対して，接続法過去形は完了事項を表します.

Je ne pense pas qu'il **aime** / **ait aimé** Patricia.
　彼がパトリシアを好きだ / 好きだったとは思わない.

Il faut que tu **arrives** / **sois arrivé** à la gare à midi.
　君はお昼に駅に着かなければ / 着いておかなければならない.

**20 課のまとめ**
この課で学んだことをまとめておきましょう．学習内容をよく復習して空欄を埋めてください.
・接続法は，主節が ＿＿＿＿＿＿, ＿＿＿＿＿＿, ＿＿＿＿＿, ＿＿＿＿＿ などを表すとき，＿＿＿＿＿＿ によって導かれる従属節の中で用いられる.
・接続法現在形の活用語尾は ＿＿＿＿＿＿ や ＿＿＿＿＿＿ と同じ.
・接続法過去形の形：＿＿＿＿＿＿ または ＿＿＿＿＿＿ の ＿＿＿＿＿ ＋ 過去分詞.

| Exercice 1 | 次の動詞を接続法現在形で活用させてみましょう. |
|:---:|:---|

prendre                aller                faire

| Exercice 2 | 次の動詞を接続法過去形で活用させてみましょう. |
|:---:|:---|

faire                arriver                se coucher

| Exercice 3 | 日本語の内容に合うように，（　）内の動詞の適当な法（直説法・条件法・接続法）の現在形を入れてください．接続法を使う場合，使わない場合，それぞれの理由を考えてみましょう.　　　　　　　　　　　　　　→ Devoir 1 |
|:---:|:---|

1. あなたたちはこの電車に乗らなければいけないよ.
   Il faut que vous _____ ce train.（prendre）
2. 彼女は母親が一緒に買い物に行ってくれることを望んでいる.
   Elle veut que sa mère _____ faire des courses avec elle.（aller）
3. あまり天気がよくないので残念だ.
   C'est dommage qu'il ne _____ pas très beau.（faire）
4. 今夜彼が来るのは確かだ.
   Il est certain qu'il _____ ce soir.（venir）
5. この本はとてもおもしろいと思うよ.
   Je pense que ce livre _____ très intéressant.（être）

| Exercice 4 | 次のような内容のことをフランス語でいう場合，接続法現在形を使う部分に下線を，接続法過去形を使う部分に波線を引きましょう.　　　　　　→ Devoir 2, 3 |
|:---:|:---|

1. マリーは弟が生まれてうれしい.　　　生まれる：naître
2. 君は病院に行かなければいけないよ.
3. 子どもたちはけんかしたのかもしれない.
   　　　　　　　　　　けんかする：se disputer,　　〜かもしれない：Il est possible que 〜
4. あなたたちはお昼前には札幌に到着しておかなければならない.　　　お昼前には：avant midi
5. 私はあなたが私に電話してくれることを望んでいる.
6. 彼がフランス語を話すとは思わない.
7. 私たちはあなたがアメリカに行ってしまって残念だ.　　　残念だ：être désolé
8. 私たちは彼にすぐに出発してもらいたい.　　　すぐに〜：tout de suite

**Devoir 1** 95 （　）内の動詞を適当な法の（直説法・条件法・接続法）現在形に活用させ，文の意味を考えましょう.

1. Je suis sûr qu'il _____ la vérité.（savoir）

2. Il faut que tu _____ sage.（être）

3. J'_____ chercher Marie à l'aéroport, si j'avais une voiture.（aller）

4. Je doute qu'ils _____ le courage de faire ça.（avoir）

5. Nous souhaitons que vous _____ un effort.（faire）

**Devoir 2** 00 　Exercice 4　 で下線を引いた部分を接続法現在形にして，全文をフランス語に書きかえてみましょう.（主節はすべて直説法現在形で）

**Devoir 3** 96 　Exercice 4　 で波線を引いた部分を接続法過去形にして，全文をフランス語に書きかえてみましょう.（主節はすべて直説法現在形で）

**Devoir 4** 　次回までに，自分で savoir の接続法現在形を作り，覚えてきましょう.

次回の授業でテストがあります

# 書き言葉のフランス語

> フランス語には書き言葉でしか用いられない，単純過去形・前過去形，接続法半過去形・接続法大過去形という動詞の形があります．フランス語で小説などを読みたい人は，知っておかなければならない活用形です．

## Ⅰ．単純過去形

　書き言葉でしか用いられない過去形です．過去の出来事を点的にとらえる働きをもちます（線的にとらえるのは半過去形でしたね）．活用形の語尾を見て，単純過去形だとわかることが大切です．

| 単純過去形の活用語尾 | | | | | | | |
|---|---|---|---|---|---|---|---|
| **-er 動詞の場合**<br>原形から -er を取り除いた部分<br>＋ | | | | **-er 動詞以外の場合**<br>単純過去形専用の語幹<br>＋ | | | |
| je (j') | **-ai** | nous | **-âmes** | je (j') | **-s** | nous | **-^mes** |
| tu | **-as** | vous | **-âtes** | tu | **-s** | vous | **-^tes** |
| il | **-a** | ils | **-èrent** | il | **-t** | ils | **-rent** |
| elle | **-a** | elles | **-èrent** | elle | **-t** | elles | **-rent** |

| | parler | | | | finir | | | | avoir | | |
|---|---|---|---|---|---|---|---|---|---|---|---|
| je | parlai | nous | parlâmes | je | finis | nous | finîmes | j' | eus | nous | eûmes |
| tu | parlas | vous | parlâtes | tu | finis | vous | finîtes | tu | eus | vous | eûtes |
| il | parla | ils | parlèrent | il | finit | ils | finirent | il | eut | ils | eurent |
| elle | parla | elles | parlèrent | elle | finit | elles | finirent | elle | eut | elles | eurent |

| | être | | |
|---|---|---|---|
| je | fus | nous | fûmes |
| tu | fus | vous | fûtes |
| il | fut | ils | furent |
| elle | fut | elles | furent |

En mars 1999, elle **fut** à Prague.

Il **quitta** sa famille et **vécut** avec son amie.

L'ère de Tokugawa **dura** 265 ans.

**考えてみよう 1**
上の例文中で使われている動詞の原形は何でしょうか．辞書を引いて，例文を訳してみましょう．

## Ⅱ．前過去形

　単純過去形と同様，書き言葉でしか用いられません．単純過去形で表される事柄の直前に完了した行為・動作を表します．

**前過去形の形**
**avoir** の単純過去形 ＋ 過去分詞
または
**être** の単純過去形 ＋ 過去分詞

Aussitôt qu'ils **eurent vu** ses parents, ils commencèrent à pleurer.

Dès qu'elle **fut rentrée**, elle trouva son mari mort.

**考えてみよう 2**
上の例文中で使われている動詞の原形は何でしょうか．辞書を引いて，例文を訳してみましょう．

## Ⅲ．接続法半過去形

　書き言葉でしか用いられない接続法で，主節が過去形のときに用いられます．日常語では接続法現在形（→Leçon 20）が使われます．

### 接続法半過去形の活用語尾

単純過去形 tu の活用から語尾の s を取り除いた部分

＋

| | | | |
|---|---|---|---|
| je (j') | **-sse** | nous | **-ssions** |
| tu | **-sses** | vous | **-ssiez** |
| il | **-^t** | ils | **-ssent** |
| elle | **-^t** | elles | **-ssent** |

**parler**（単純過去形2人称単数 parlas）

| | | | |
|---|---|---|---|
| je | parlasse | nous | parlassions |
| tu | parlasses | vous | parlassiez |
| il | parlât | ils | parlassent |
| elle | parlât | elles | parlassent |

**finir**（単純過去形2人称単数 finis）

| | | | |
|---|---|---|---|
| je | finisse | nous | finissions |
| tu | finisses | vous | finissiez |
| il | finît | ils | finissent |
| elle | finît | elles | finissent |

**avoir**（単純過去形2人称単数 eus）

| | | | |
|---|---|---|---|
| j' | eusse | nous | eussions |
| tu | eusses | vous | eussiez |
| il | eût | ils | eussent |
| elle | eût | elles | eussent |

**être**（単純過去形2人称単数 fus）

| | | | |
|---|---|---|---|
| je | fusse | nous | fussions |
| tu | fusses | vous | fussiez |
| il | fût | ils | fussent |
| elle | fût | elles | fussent |

Il aurait fallu que Marie **parlât** plus souvent à son père.

Nous étions très heureux qu'elle **fût** présente.

Bien qu'il **sût** la vérité, il ne dit rien.

> **考えてみよう 3**
> 左の例文中で使われている動詞の原形は何でしょうか．辞書を引いて，例文を訳してみましょう．

## Ⅳ．接続法大過去形

　接続法半過去形と同様に，書き言葉でしか用いられません．主節が過去形のときに用いられます．日常語では接続法過去形（→Leçon 20）が使われます．また，条件文の中で大過去形や条件法過去形の代わりに用いられることもあります（→Leçon 19）．

### 接続法大過去形の形

**avoir** の接続法半過去形 ＋ 過去分詞

または

**être** の接続法半過去形 ＋ 過去分詞

Madame Dupont ne pensa pas qu'Alain **eût aimé** Nathalie.

Cécile voulut que sa fille **fût** déjà **rentrée**.

Un mot d'elle **eût guéri** mon cœur． (André Gide, *La Porte étroite*)

> **考えてみよう 4**
> 上の例文中で使われている動詞の原形は何でしょうか．辞書を引いて，例文を訳してみましょう．

下線の引いてある動詞の原形を答えましょう．それぞれ何形になっていますか.

① Ce fut midi. Les voyageurs montèrent dans l'autobus. On fut serré. Un jeune monsieur porta sur sa tête un chapeau entouré d'une tresse, non d'un ruban. Il eut un long cou. Il se plaignit auprès de son voisin des heurts que celui-ci lui infligea. Dès qu'il aperçut une place libre, il se précipita vers elle et s'y assit.

Je l'aperçus plus tard devant la gare Saint-Lazare. Il se vêtit d'un pardessus et un camarade qui se trouva là lui fit cette remarque : il fallut mettre un bouton supplémentaire.

(R. Queneau, *Exercices de style*)

② Cendrillon entendit sonner onze heures trois quarts : elle fit aussitôt une grande révérence à la compagnie, et s'en alla le plus vite qu'elle put. Dès qu'elle fut arrivée, elle alla trouver sa Marraine, et après l'avoir remerciée, elle lui dit qu'elle souhaiterait bien aller encore le lendemain au Bal, parce que le Fils du Roi en avait prié Cendrillon.

(Ch. Perrault, *Cendrillon*)

下線の引いてある動詞の原形を答えましょう．それぞれ何形になっていますか.

① C'était vraiment un étrange personnage, aux épaules étroites, à l'œil sournois, et si troublé devant moi que je ne doutais plus vraiment que ce ne fût un espion.

(G. de Maupassant, *L'Horrible*)

② Il ne lui semblait pas impossible que son cœur convalescent retrouvât un jour le bonheur.

(M. Proust, *Les Plaisirs et les jours*)

③ Un peu moins orgueilleux, notre amour eût été facile. (A. Gide, *La Porte étroite*)

④ Il descendit aussitôt et vit que l'animal flairait sous la porte en aboyant avec fureur, comme si quelque vagabond eût rôdé autour de la maison. (G.de Maupassant, *La Tombe*)

# Conjugaison

**acheter**

| j' | achète | nous | achetons |
|------|---------|-------|----------|
| tu | achètes | vous | achetez |
| il | achète | ils | achètent |
| elle | achète | elles | achètent |

**manger**

| je | mange | nous | mangeons |
|------|--------|-------|----------|
| tu | manges | vous | mangez |
| il | mange | ils | mangent |
| elle | mange | elles | mangent |

**prendre**

| je | prends | nous | prenons |
|------|---------|-------|---------|
| tu | prends | vous | prenez |
| il | prend | ils | prennent |
| elle | prend | elles | prennent |

**finir**

| je | finis | nous | finissons |
|------|--------|-------|-----------|
| tu | finis | vous | finissez |
| il | finit | ils | finissent |
| elle | finit | elles | finissent |

**ouvrir**

| j' | ouvre | nous | ouvrons |
|------|--------|-------|---------|
| tu | ouvres | vous | ouvrez |
| il | ouvre | ils | ouvrent |
| elle | ouvre | elles | ouvrent |

**faire**

| je | fais | nous | faisons |
|------|-------|-------|---------|
| tu | fais | vous | faites |
| il | fait | ils | font |
| elle | fait | elles | font |

**dormir**

| je | dors | nous | dormons |
|------|-------|-------|---------|
| tu | dors | vous | dormez |
| il | dort | ils | dorment |
| elle | dort | elles | dorment |

**partir**

| je | pars | nous | partons |
|------|-------|-------|---------|
| tu | pars | vous | partez |
| il | part | ils | partent |
| elle | part | elles | partent |

**connaître**

| je | connais | nous | connaissons |
|------|----------|-------|-------------|
| tu | connais | vous | connaissez |
| il | connaît | ils | connaissent |
| elle | connaît | elles | connaissent |

**savoir**

| je | sais | nous | savons |
|------|-------|-------|--------|
| tu | sais | vous | savez |
| il | sait | ils | savent |
| elle | sait | elles | savent |

**dire**

| je | dis | nous | disons |
|------|------|-------|--------|
| tu | dis | vous | dites |
| il | dit | ils | disent |
| elle | dit | elles | disent |

**voir**

| je | vois | nous | voyons |
|------|-------|-------|--------|
| tu | vois | vous | voyez |
| il | voit | ils | voient |
| elle | voit | elles | voient |

**pouvoir**

| je | peux | nous | pouvons |
|------|-------|-------|---------|
| tu | peux | vous | pouvez |
| il | peut | ils | peuvent |
| elle | peut | elles | peuvent |

**vouloir**

| je | veux | nous | voulons |
|------|-------|-------|---------|
| tu | veux | vous | voulez |
| il | veut | ils | veulent |
| elle | veut | elles | veulent |

**devoir**

| je | dois | nous | devons |
|------|-------|-------|--------|
| tu | dois | vous | devez |
| il | doit | ils | doivent |
| elle | doit | elles | doivent |

**appeler**

| j' | appelle | nous | appelons |
|------|----------|-------|----------|
| tu | appelles | vous | appelez |
| il | appelle | ils | appellent |
| elle | appelle | elles | appellent |

**lever**

| je | lève | nous | levons |
|------|-------|-------|--------|
| tu | lèves | vous | levez |
| il | lève | ils | lèvent |
| elle | lève | elles | lèvent |

**se voir**

| je | me vois | nous | nous voyons |
|------|----------|-------|-------------|
| tu | te vois | vous | vous voyez |
| il | se voit | ils | se voient |
| elle | se voit | elles | se voient |

**attendre**

| j' | attends | nous | attendons |
|------|----------|-------|-----------|
| tu | attends | vous | attendez |
| il | attend | ils | attendent |
| elle | attend | elles | attendent |

**répondre**

| je | réponds | nous | répondons |
|------|----------|-------|-----------|
| tu | réponds | vous | répondez |
| il | répond | ils | répondent |
| elle | répond | elles | répondent |

**écrire**

| j' | écris | nous | écrivons |
|------|--------|-------|----------|
| tu | écris | vous | écrivez |
| il | écrit | ils | écrivent |
| elle | écrit | elles | écrivent |

# Voilà!

— grammaire française de base —

## ヴワラ!

著　者

©

<ruby>伊勢<rt>いせ</rt></ruby> <ruby>晃<rt>あきら</rt></ruby>　<ruby>谷口<rt>たにぐち</rt></ruby> <ruby>千賀子<rt>ちかこ</rt></ruby>

著者承認検印廃止

2005年3月 1日 初版発行
2023年4月10日 7版4刷発行

定価本体　2100 円 (税別)

発行者　山﨑 雅昭
印刷所　音羽印刷株式会社
製本所　壺屋製本株式会社

発行所 早美出版社

郵便番号198-0046　東京都青梅市日向和田2−379
TEL. 0428 (27) 0995　FAX. 0428 (27) 3870
振替　東京 00160-3-100140

ISBN978-4-86042-099-4
http://www.sobi-shuppansha.com